歷史上最不靠譜的

十大皇帝

國家圖書館出版品預行編目資料

　　歷史上最不靠譜的十大皇帝 / 黃太子編著.
-- 初版.-- 新北市：智學堂文化，民105.01
　　面；　公分. -- (經典系列；18)
　　ISBN 978-986-5819-84-2(平裝)
　　1.中國史　2.帝王　3.通俗史話
　　610.9　　　　　　　　　　104026746

智學堂

智慧是學習的殿堂

經典系列：18

歷史上最不靠譜的十大皇帝

編　　著 ── 黃太子
出 版 者 ── 智學堂文化事業有限公司
執行編輯 ── 林美玲
美術編輯 ── 蕭佩玲
地　　址 ── 22103　新北市汐止區大同路三段一百九十四號九樓之一
　　　　　　TEL　（02）8647-3663
　　　　　　FAX　（02）8647-3660

總 經 銷 ── 永續圖書有限公司
劃撥帳號 ── 18669219
出 版 日 ── 2016年1月

法律顧問 ── 方圓法律事務所　涂成樞律師
CVS 代理 ── 美璟文化有限公司
　　　　　　TEL　（02）27239968
　　　　　　FAX　（02）27239668

前言

　　縱觀中國歷史，上下五千年，從夏啟開國至清溥儀退位，這期間共經歷了近七十個王朝，如果不算春秋戰國時的諸侯爭霸，算下來也有四百多位君主。而真正以皇帝自稱，是從秦嬴政創立帝制開始的。從此之後，皇帝一直作為國家的統治者決定著江山社稷的穩定、黎民百姓的命運。但正如有句老話所說，「林子大了，什麼鳥都有」。

　　這皇上多了，自然也是形形色色。有聖明賢德者，也有荒淫無道者；有精心於朝政者，更有醉心旁騖者。

　　其實，按道理來說，皇帝也是普通人，不同的人有不同的性格，這是理所當然的，即使貴為皇帝，也一定有著自己的喜好和追求。但是從國家來說，皇帝卻又不是普通人。如果他是一個老百姓，他當然可以把自己的興趣愛好發揮到極致，所謂「三百六十行，行行出狀元」。但他沒得選擇，偏偏生於帝王之家，這就決定了他這輩子的正事只能是當皇帝，他這輩子應該鑽研的事情只有一樣，就是怎麼把皇帝當好，怎麼能讓國家繁榮昌盛，怎麼能讓老百姓安居樂業。

　　當然，他本人可能對這件事也很不滿意，肯定會對百姓的要求提出自己的質疑：「難道我這個皇上就不能有自己的愛好嗎？」答案當然是否定的。皇帝也可以有自己的愛好，因為皇帝也是人，是人就會有自己的喜怒哀樂，但是如果他

3

追求自己的愛好已經到了可以置國家興衰和百姓疾苦於不顧的地步，這樣肯定是不能被百姓所接受的。這種人，放到什麼時候都只能用「不務正業」四個字來形容，用文學一些的語言來說，就是荒誕。歷史上這種荒誕的皇帝並不在少數。本來在中國人的傳統觀念裡都認為「虎父無犬子」或者「老子英雄兒好漢」，一家子的優良品質應該代代相傳。但各位讀者如果多看些歷史書就會發現一種十分奇怪的現象，就是……老子是蓋世英雄，子孫卻是無能鼠輩，這種情況在歷代的皇帝中簡直是屢見不鮮。

「扶不起」的劉阿斗，「何不食肉糜」的晉惠帝……這些皇帝幾乎都是因為荒唐而將自己祖輩殫精竭慮、苦心經營的大好河山糟蹋殆盡，甚至拱手讓於他人。假如世間鬼神之說是真的，他們的祖先一定會氣得從墳裡爬出來親手掐死他們。記得電影《喜劇之王》裡，周星馳在被人罵是個「死跑龍套的」時，周星馳很正經地回答說：「其實我是個演員。」那麼，如果我們罵歷史上這些「不靠譜」的皇帝是「死昏君」的時候，他們是不是也很想告訴我們一句：「其實我是個……」作為歷史的看客，我們讀過了萬卷的史書，看多了聖賢之君，不妨也換一個角度來看歷史上的皇帝，正如那句名言：以史為鑒，可以知興替；以人為鑒，可以明得失。從對這些反面教材的調侃中吸取教訓，也可以正自身，知榮辱，明大義。

第九章

其實我是個木偶

——明英宗朱祁鎮

第十章

其實我是個將軍

——明武宗朱厚照

第一章

其實我是個同性戀
——漢哀帝劉欣

如果要說歷史上最不靠譜的皇帝，

就不能錯過漢哀帝劉欣。

不管與他的前輩還是後輩相比，

這位爺絕對可以說是有過之而無不及。

雖然他曾經也是一個滿腔抱負、勵精圖治的皇帝，

但最後卻落得個昏君的名聲，

這不得不說是與他一生的作為息息相關的。

漢哀帝
劉 欣

主角：漢哀帝劉欣
綽號：欣哥生
卒年：西元前25年～西元1年
父母：定陶恭王劉康、丁姬
愛好：董賢！董賢！董賢！
座右銘：給我一個董賢足矣
上榜原因：江山社稷統統靠邊，
　　　　　愛情大過天！

　　俗話說：「出來混，總是要還的。」因此，劉欣就必須
要為他生前的所作所為付出被後人戳脊梁骨的代價，因為他
在位時做的幾件事情實在是太有名了，甚至還因此生出一個
叫作「斷袖之癖」的成語，至於這個成語是什麼意思，在接
下來的故事中，會慢慢地講給各位聽。

意料之外的皇帝

在講漢哀帝之前，我們得先說說在他之前的那位皇帝，也就是漢成帝。如果給歷史上所有的昏君都排一個榜的話，漢成帝絕對也會不負眾望地上榜。

他長年沉迷於酒色，甚至為此不理朝政，造成了「趙氏亂內，外家擅朝」的局面，以致為後來的王莽篡漢開闢了一條通天大道。這位皇帝對女人的沉迷到了一定的程度，可以說是看見女人就邁不動步。先有昭陽正院許皇后，後有班婕妤和各種婕妤，最後是趙飛燕和趙合德，總之他這一生幾乎就是圍著女人轉來轉去。

具有諷刺意味的是，雖然他身邊有這麼多的女人，卻沒有一個給他生出兒子來繼承漢室大統，眼看自己年歲已高，這可怎麼辦呢？於是他天天急得跟熱鍋上的螞蟻似的，轉著圈地想辦法。

看著這位爺急成這樣，我們也先不用管他，不妨來看一看這個故事的主角，漢哀帝劉欣。

西元前25年，劉欣很平靜地誕生於定陶恭王劉康的府中。為什麼會這麼平靜呢？因為他不是皇子，只是一個王爺

的兒子。雖然這個王爺劉康曾經一度十分接近皇位，但也許是命中犯小人，莫明其妙地就被人阻止了他的繼位，而嫡長子，就是後來的漢成帝還是安穩地繼承了皇位。

其實漢成帝為人也算仁義，沒有像其他皇帝那樣，殺了對自己帝位有威脅的人，反而是以禮待之。但不管怎麼說，劉康的皇位是沒有了，自己生的兒子也就成了所謂的庶孫。

什麼是庶孫呢？在古代一夫多妻制的時候，正室生的第一個兒子叫作嫡長子。

漢成帝就是嫡長子，漢哀帝的父親劉康本是庶出，正室生的兒子的兒子叫嫡孫，側室生的兒子的兒子自然就是庶孫了。所以，一個庶孫的誕生，自然是平靜如常的。因為當時還沒有人會認為這個庶孫會成為日後的皇帝。劉欣是個很聰明的孩子，特別是對於文辭法律方面更是精通。

上面提到漢成帝沒有子嗣，急得跟什麼似的，於是想要在自己的近親中挑選一位能幹的人來繼承自己的皇位，而眼下只有兩個人適合，這兩個人便是當時的定陶王劉欣和漢成帝自己的弟弟中山孝王劉興。

但到底誰更適合坐自己的這個位置漢成帝心裡也沒個譜，所以他決定先對二人觀察一段時間，然後再行定奪。

元延四年，也就是西元前9年，漢成帝宣劉欣和劉興進宮面上。劉興來的時候只帶了太傅一個人，而劉欣卻把什麼太傅、相國、中尉等一千人等全帶入宮中，那聲勢可謂是浩

浩蕩蕩。宮裡的其他人都對他側目以待，心想：你一個王爺，進宮來見皇上，卻擺這麼大的陣勢，真是太招搖了，看皇上怎麼整治你。

他們的想法也沒什麼錯。漢成帝看到這一情況，心裡頭也確實老大不高興了，但卻並沒有表現在臉上，而是有心想把這件事作為在二人中擇選誰為皇帝的契機。見到二人之後，漢成帝就藉故提起了這件事。他先是假裝一臉不高興地質問劉欣：「定陶王，你來見朕，朕很高興。但你帶了這一幫子人，是跟我示威啊？」

旁邊那些劉欣的隨侍都替劉欣捏了一把冷汗，這皇帝擺明了是要找碴啊！

但劉欣卻並沒有驚慌，反倒是很鎮定地問了皇上一個問題：「陛下，請問諸侯入朝是否規定了隨侍的官吏人數？」

漢成帝想了想說：「沒有規定人數，法令准許隨身陪侍二千石的官吏入朝。」

劉欣笑了笑說：「既然沒規定人數，我這隨身陪侍的官員，不論太傅、相國還是中尉，都是二千石的官員，那麼他們隨我前來，也是依法令行事啊。」

漢成帝聽到劉欣說得頭頭是道，在心中暗自高興，心想：這小子對答如流，可見對法律精通，也算是個可造之材，不錯，不錯。於是，漢成帝的臉上有了些笑容，又提出讓劉欣為其背誦一段《詩經》。劉欣也毫無畏懼，大聲地背

誦出來，並一一講出其意思，聽得漢成帝心裡真是高興。

隨即，漢成帝又轉而問中山孝王劉興：「你上朝只帶了一個太傅來，這是為什麼？」

劉興哪想到自己這樣簡裝出行，只帶一個隨行人員也會被責難，當時就慌了神，結結巴巴地想了半天，也沒想出應對的話來，只見豆大的汗珠順著臉直往下淌。

漢成帝搖了搖頭，也不想繼續難為他。只好換一個話題，讓他也背一段《詩經》。

此時劉興更加緊張了，背一段忘一段，背了開頭，又忘了結尾。漢成帝一見他這不成氣候的模樣，就將他打發下殿了。

雖然心裡已經定下了劉欣，但這漢成帝也算是懼內之人。況且這立嗣之事也要得到宮內眾人的允許，方可成事。於是他回宮又和皇太后、將軍、趙飛燕、趙合德等人商量。

其實他不知道，劉欣的祖母傅昭儀在他召劉欣入宮面聖的時候就知道可能是為了立嗣一事，所以立刻就準備了金銀珠寶進宮賄賂外廷主事的將軍王根，內宮的趙飛燕和趙合德都收了好處，再加上皇太后根本不愛搭理這種事，所以這次欲立劉欣為太子的事竟然出奇順利地獲得了一致的同意，漢成帝也就定下了立嗣這件心頭最重的大事。

大事一了，漢成帝又恢復了本來的模樣，日日淫亂，夜夜笙歌，今天趙飛燕那裡住一宿，明天趙合德那裡睡一夜。

終於，西元前7年的某一天，這位漢成帝不知道什麼原因，暴斃於趙合德的懷中。

所謂「溫柔鄉，英雄塚」，這位皇帝就這樣成了死在牡丹花下的風流鬼。漢成帝突然死亡，趙合德畏罪自盡，全朝上下都亂作一團。群臣都請太后速速立詔，請太子劉欣擇日即位。

綏和二年，即西元前7年的四月，十九歲的劉欣繼位，改年號為建平，追封其父定陶恭王劉康為定陶恭皇。就這樣，又一位有名的昏君登上了歷史的舞臺，開始了他空前絕後的表演。

傀儡般的職業生涯

其實在漢哀帝劉欣登基之初，他並不是之後那個只知貪圖淫樂的樣子，而且還頗有一番抱負之心，也是想振興漢室，讓天下太平，讓百姓安居樂業的。

但凡事並不像想像的那般美好，因為「夢想很豐滿，現實很骨感」，劉欣的帝王之路不只是骨感，簡直就是除了骨頭還是骨頭，到處都是讓他這個皇上敲不碎、啃不動的硬骨頭。這也為他日後變成那樣荒誕的帝王埋下了伏筆。

劉欣繼承了皇位，是為哀帝。在他還是太子的時候，就親眼見到自己的伯父漢成帝驕奢淫逸，造成外戚專權，他當時心裡也很看不慣，甚至頗覺得像漢成帝這樣聽女人話的男人已經把臉丟到了黃河邊上，於是在心裡暗自下定決心，他日一旦自己掌權之後，必將收回大權，絕不能像漢成帝那樣，做一個任人擺佈的木偶傀儡。

但事情的發展和他所想的最後竟然大相徑庭，這恐怕也是劉欣最初所沒有料到的。因為能夠左右他命運的，除了他的祖母、其他的皇太后之外，還有一個至關重要的人物。

這個人是另外一個故事的主角王莽，他後來篡奪了大漢

江山，在西漢的歷史上是一個舉足輕重的人物。

最先留下這個禍根的人是漢成帝。之前漢成帝成天只知道尋花問柳，不理朝政，使得王莽得以獨攬大權。突然之間，漢成帝又撒手人寰，這個爛攤子算是給繼承他帝位的漢哀帝留下了。

這樣看來，漢哀帝其實是受了漢成帝的連累了。

之前我們也說過，漢哀帝能在和中山孝王劉興爭奪帝位中脫穎而出，和他的祖母傅昭儀的賄賂有很大的關係，漢哀帝在繼位之後對傅昭儀也幾乎是言聽計從。但是本來劉欣已經過繼給漢成帝做子嗣，因此他本該和之前的血親都斷絕關係才對。只不過他的祖母卻並不這樣認為。王太后又想討好漢哀帝，特別准許他的祖母傅昭儀和母親丁姬搬到宮內居住，並將北宮作為其居所。這樣一來，傅昭儀更是有恃無恐。

終於有一天，傅昭儀向漢哀帝提出要獲得尊號，並且要讓自己的親屬能夠加官晉爵。漢哀帝明白這種要求是極其不符合禮數的，想著還是拒絕為好。

他只是礙於傅昭儀是自己的親生祖母，更於自己有恩，怎麼也不敢得罪。

正在左右為難之際，有一個叫董宏的人聽說了這個消息，為了迎合皇帝的意思，給皇帝找個臺階下，便上書給漢哀帝，說：「以前秦莊襄王母本來是夏氏，卻被華陽夫人收

養為兒子，到他繼位的時候把兩位母親都尊為太后。有前人
為榜樣，我們也應該效仿他，將定陶恭王后封為皇太后。」
這個提議很快就遭到了以王莽為首的一干人等的反對，他們
拿出秦朝滅亡的事情為例子，認為這種做法是沒有任何道理
的。

　　本來漢哀帝以為有董宏上書，自己順水推舟地同意，這
件事也就成了。但他沒想到會被王莽所反對，而且反對的人
當中還有自己的太傅，也就是老師師丹在內，所以即使心中
不是很高興，但是一想到自己即位不久，不能太違背大臣和
老師的意思，只得作罷。

　　這件事情傳到了傅昭儀的耳朵裡，傅昭儀的火一下就上
來了：「怎麼說我也是當今聖上的親生祖母，你一個過了氣
的外戚，有什麼資格在這兒跟我指手畫腳的。」

　　漢哀帝被逼得沒有辦法，只好去向王太后求助。希望她
能讓自己下詔追認自己的親生父親劉康為定陶恭皇。

　　王太后一想，反正已經是現在這種情況了，天下哪有後
悔藥吃，是自己一步步地加大了傅昭儀的野心，如今不如好
人做到底，遂了她的心願，於是一咬牙地應允下來。哀帝借
此機會順勢將傅昭儀尊為定陶恭皇太后，丁姬為定陶恭皇
后。

　　只是傅太后並沒有就此作罷。她又讓自己的侄女嫁給了
哀帝，立為皇后。之後，哀帝又順著祖母的意思在官員調整

上做出了一系列的動作。

他將傅太后的堂弟、皇后的父親傅晏封為孔鄉侯。同時追封傅太后的父親為崇祖侯，拜傅太后另一個堂弟傅喜為右將軍，並封自己的舅舅丁明為陽安侯。

這樣一來，之前被王太后的親戚所把持的朝政大權可以說有一半被傅太后的親戚收入囊中，特別是王太后的弟侄王莽，更是失去了在漢成帝時期的權勢。王莽心裡很不高興，暗暗地想著，怎麼樣能給傅太后一個下馬威看看。

機會說來就來了。一日，王太后設宴邀請傅太后等人一同聚會。我們都知道，皇帝家的聚會排場那是相當大，而且禮數又十分繁瑣和周全。誰該坐哪裡，不該坐哪裡，都是有講究的。有的時候一旦坐錯位置，甚至可能會有生命危險。所以在宴會之前，一定要有專人負責排位布置。

這一天，負責布置會場的人在酒席正中間的位置並排擺了兩把椅子。想著一個是給王太后坐，一個是給傅太后，其餘的在兩邊分開列坐就可以了。

就在這個時候，王莽來了，看到中間並排放了兩個座位，當場臉就拉了下來。他大聲地問負責人：「這上面擺了兩個座位是什麼意思？」

其實王莽的心裡明白，另一個座位就是傅太后的。但他向來有「不懼上」的名聲在外，再加上最近傅家一門的氣焰越來越旺，王家已經快被逼得失去了原有的地位，因此也想

借此機會替王太后出口惡氣。

負責人不知道自己哪裡做得不對，膽戰心驚地回答說：「這兩個座位一個是給王太后準備的，另一個是給傅太后準備的。」

「放屁！」王莽一聲怒喝嚇了負責人一跳，沒敢抬頭看他，只是低著頭聽王莽繼續教訓：「那個什麼定陶恭皇太后只是區區一個藩妾，怎麼能與王太后相提並論？還要兩個人並排而坐，這不是天下最大的笑話嗎？把座位給我搬到別的地方去，再讓我看見你們犯這種錯誤，別說我不客氣。」在他的監督下，幾個人七手八腳地把座位移好。王莽眼見已經按照自己的意思辦完，才氣呼呼地走了。

不知怎麼搞的，傅太后就聽說王莽出了這麼一檔子事。想這傅太后也不是省油的燈啊，你讓我下不來台，我就讓你有臺上不去。所以，當天的宴會傅太后就稱病未到。但其實她為什麼沒去，大家都是心知肚明的。

這事沒過幾天，傅太后就找來了漢哀帝，哭哭啼啼地向漢哀帝訴說自己受到的不公待遇，還搬出了劉欣的祖宗十八代，一時間尋死覓活。言語之間也幾次提及自己為漢哀帝的帝位所做出的努力。

當然，她的最終意思，就是要讓漢哀帝把王莽罷免，讓他回家待著去，省得老給自己找麻煩，這樣才能解她的心頭之恨。

漢哀帝一時之間沒辦法。王太后也聽說了這個消息，想著自己的弟侄也算是榮華富貴都享受到了，不如做個人情，讓他自己離職，還能落個好名聲。

就這樣，在傅太后的明著鬧、暗裡威脅下，王莽辭去了官職，這也給日後的政變留下了禍根，也是漢哀帝作為一個傀儡皇帝悲劇的開始。

這個時候的漢哀帝身邊其實還有一批忠臣良士，如果他善加利用的話，也定會有一番作為。比如他的太傅師丹，還有傅喜等人。

不過俗語說：「忠言逆耳。」不管在什麼年代，誰都喜歡聽順著自己的話，如果這人老是嗆著自己說，換了誰也不樂意聽。而這幾個剛好就是不會做好人，是凡事總喜歡和漢哀帝對著幹的那種人。雖然漢哀帝心裡也知道這些人是為自己好，但對於很多事情，他說的話卻並不算數，還要請求傅太后等人定奪。

其實傅太后本來有了太后的尊稱，還有各種錦衣玉食，已經心滿意足，有段日子也是和各位朝臣相安無事的。可是偏偏有一幫子小人，為了自己能升官發財，開始討好傅太后。

有一天，幾個人一起進言給皇上，說：「定陶恭皇太后和定陶恭皇后都不應該再用以前的定陶藩國的名稱，請皇上給去除掉吧。而且以後所有的吃穿用度，都應該隨從皇上的

名分。除此之外，還應該給她們二位配備些二千石以下的官員、隨從，讓他們侍奉左右。另外，也應該給定陶恭太上皇在京裡立個廟，以表示我們大家對他的尊敬。」

哀帝聽了這番話，心裡面是很高興的，這畢竟是對自己血親的認可。但自己也不能獨斷專行，只好和眾朝臣商議。朝臣當中，除了師丹、孔光和傅喜三人之外，其他人都同意。

師丹說：「這定陶恭皇太后、定陶恭皇后之所以用定陶恭為號，是因為母要從子，妻要從夫。陛下您已經過繼給先帝為子，如果再遵定陶恭王為父，這於情於理都是不合適的。所以，這理法是改不得的，這廟也是立不得的啊。」

傅太后氣得咬牙切齒，但因為這幾個人都是重要大臣，說出這樣的話來，任誰也挑不出一點毛病。所以即使傅太后想讓皇上強制施行，恐怕也是不得人心，最後只得作罷。

雖然漢哀帝也沒有說什麼，但這件事就像一根刺一樣一直刺在傅太后的心上，有事沒事地就拿出來在漢哀帝面前說上一陣，說師丹他們不尊敬她，更不尊敬漢哀帝的生父劉康。這明擺著是沒拿他這個皇上當回事。

哀帝幾乎每天都聽著這樣的抱怨，心理幾近扭曲。終於有一天，有人找藉口彈劾師丹，漢哀帝幾乎毫不猶豫就依這人所言罷免了師丹。

既然師丹已經被撣走了，漢哀帝覺得阻力少了一個。更

何況當時反對的三個人當中，傅喜和傅太后還是有著親戚關係的。所以想著對傅喜曉之以理，動之以情，傅喜就一定會順著傅太后的意思來。

但是沒想到，這個傅喜就跟「茅坑裡的石頭」一樣，又臭又硬。任你操碎了心，磨破了嘴也沒有用，該反對還是反對，什麼親情、友情全不放在眼裡。

哀帝很不高興。而身邊一群小人臣子也看出來漢哀帝對傅喜越來越厭惡，就不時地在哀帝耳邊講傅喜的壞話，說他沽名釣譽，說孔光和傅喜結黨營私。一來二去，到了建平二年春二月，哀帝就將傅喜和孔光免去官職。這樣下來，當初反對的三個人都不在了。

哀帝很快就下詔書將定陶恭皇去掉定陶恭的字樣，在京裡立廟。尊稱定陶恭皇太后為帝太太（相當於太皇太后），算是遂了傅太后的心願。本來這件事到此也應該畫上一個句號，畢竟得饒人處且饒人。但傅太后卻並不這樣想。因為一想到這兩年來為了得到這個名號不僅費盡心機，還受盡閒氣，她就吃飯也不香，睡覺也不安。

一想到當初被傅喜、師丹等人從中作梗就恨得牙根兒癢癢。「你說別人要是反對也就算了，還是情有可原的，可是你傅喜和我是有血緣關係的啊，你應該替我出頭，怎麼能和別人一起站出來反對我呢？既然你不仁，也別怪我不義了！」想到這裡，她暗示其他人去向皇帝上書，將師丹等人

都貶為庶人，免去他們的爵位和俸祿。哀帝沒有辦法，也都一一依從。

幾次下來，很多朝臣都對這個皇上有了失望的念頭，也就不再對他抱有什麼希望了。

因此，漢哀帝的身邊，忠賢之臣越來越少，反倒是那些奸佞小人越聚越多。日積月累，漢哀帝更加無心朝政，再加上身體不是很好，於是以前那個滿腔抱負的皇帝開始沉迷於酒色，幾乎走上了和先帝一樣的道路。

禁斷的宮闈之戀

其實，如果漢哀帝只是貪戀女色，或許也不會給後代留下那麼多的話柄。之所以他能夠在眾多的昏君中脫穎而出，是因為他談的是一場禁斷的戀愛，他戀上的是一個男人。

漢哀帝寵幸的這個男人叫董賢。最開始，董賢只是個普通的太子舍人。什麼是舍人呢？說穿了就是個打雜的，相當於我們現在的助理之類的人。太子舍人，就是太子的助理。

漢哀帝繼承帝位之後，董賢又由舍人升遷為郎官。這個也是助理級別的，但這個是皇上的助理，就是幫皇上打雜的。只是這個助理和我們今天又大有不同，想想皇上是什麼身分，那尊貴的身分得有多少人成天在身邊陪王伴駕，所以皇帝的助理也有很多人，負責的事情也各不相同。你端個茶了，他倒個水了，這還是好一點的助理。運氣不好的助理，一年到頭就是做點雜活兒，連皇上的面壓根就見不到。這個董賢最開始的時候就是這種助理當中的一個，負責在宮中報個時辰之類的。

我們常常說：「上帝關上一扇門，就會給你打開一扇窗。」雖然董賢當不了什麼大官，但是上帝給了他一張俊美

的臉。他漂亮到什麼程度呢？可以這麼說，就算是皇宮最美
的妃嬪看到他的長相，也會羨慕嫉妒及恨。所以，上帝給董
賢開的這扇窗就讓皇上直接爬到了他的屋裡。

　　某年某月的某一天，我們的美男子董賢準備上班了，因
為這一天輪到他去傳報時辰。也許是上天註定的吧，哀帝那
天正巧路過正殿，離得遠遠的，沒辦法看得那麼真切，卻也
能瞧出來這人容貌秀麗，哀帝當時就看呆了，心裡誤以為是
哪個妃嬪女扮男裝。因為看見了如此貌美之人，皇上心裡高
興得很，不知道這個時候是不是丘比特的箭射中了他的心
房，竟然讓他想起了這個人的名字。他用手一指董賢，問身
邊的隨侍：「那個人可是舍人董賢？」

　　隨侍順著皇上手指的方向看過去，只見手指之人正是董
賢。連忙答道：「正是董賢。」

　　「將他召上殿來，我有話要同他說。」皇上示意隨侍。

　　不一會的工夫，董賢就被帶上殿來。董賢以往哪有這般
福氣，竟然受到皇上的親自接見，自然是受寵若驚。他行至
御前，也不敢抬頭，行完大禮之後，仍然是低著頭跪在那
裡。

　　皇上看著董賢的臉，「最是那一低頭的溫柔，像一朵水
蓮花不勝涼風的嬌羞」，心中不禁感歎：「縱使朕有後宮佳
麗三千，與董賢相比，無一不是相形見絀。」

　　哀帝將董賢扶起，更加仔細地端詳，越看越喜歡，在哀

帝的注視下，董賢也紅了臉，看起來更加的迷人。

哀帝的心裡對眼前的人更加憐愛，便讓他坐在自己的腿上，輕聲細語地問他，有沒有別號，籍貫在何處。

董賢一一作答：「吾號聖卿，雲陽人。」

兩個人聊了幾句，皇上對他的喜愛之情更深了，當下就封董賢為黃門郎。黃門是指宮禁之門。因為古代男人幾乎是不准入宮的，但皇上選出來的人可以去宮內服侍皇上，可以說，能被選上的人都是皇上的心腹，因此也被稱為黃門郎。

從這以後，哀帝和董賢之間的親密度日盛一日。

董賢也明白，得到皇上的寵愛，就是得到了出人頭地、平步青雲的機會，因此也使盡渾身解數來迎合皇上，讓皇上高興。看著美貌聽話的董賢，哀帝已經迷戀得越來越深了。

俗語說：「一人得道，雞犬升天。」董賢的父親董恭當時只是雲中侯，哀帝得知之後，立即下詔將其封為霸陵令，後來又一路直升為光祿大夫。可以說是父憑子貴了。

話說這個董賢還有一個妹妹，長得跟董賢如出一轍，可以說是有沉魚落雁之容，閉月羞花之貌。哀帝對她簡直可以說是一見鍾情，當天就封為昭儀，地位僅次於皇后。當時皇后住的寢宮稱為「椒房」，而皇上特意將董昭儀所住的寢宮賜名為「椒風」，意思是住在這裡的女人和皇后的名號是相等的。

最為荒唐的是，董賢在家中早已娶妻。董賢的妻子也是

長得很漂亮，雖然和董賢兄妹二人相比是差那麼一點，但和其他的後宮女人相比，還是有過之而無不及。她由於來見董賢，也常常出入禁宮，有一日哀帝碰見，不禁又動了春心，便命她和董賢同伴自己左右。這以後，董賢、董妻和董賢妹夜夜輪流陪皇上就寢。此種行為，簡直可以入選「史上最荒唐、淫亂的後宮」。

由於董賢一家子幾乎都在侍奉哀帝，董賢更是在一個月內即從黃門郎升為駙馬都尉侍中，出則驂乘，入侍左右，兩人如影隨形，短短數日，已經到了你儂我儂，如膠似漆的地步。當然，在這一個月內，董賢得到的賞賜可以說是數不勝數。

漢哀帝為了討好董賢，替董賢蓋了華麗的住處。這住處幾乎可以稱作是一個小型的宮殿。院內樓閣亭台鱗次櫛比，光是大殿就有五個，屋梁上、牆壁上到處畫著雲、花、草的，有的蒙上錦繡，有的用金玉裝飾，看上去氣派非凡，金碧輝煌。東西南三面各設門三重，中間假山池沼栩栩如生。

哀帝還不時地將國庫中的珍寶挑出幾件來送給董賢，另外還讓人專門為董賢製作器物，每做成一個，哀帝一定要先行過目，他說好，才選出來送給董賢，可謂用情至深。不僅如此，漢哀帝還命人在自己的陵墓旁為董賢造了一處墓塚，以使得即使自己死後，仍能有董賢陪伴。

哀帝和董賢二人，同吃同睡，同出同入。偶然有一天下

午，太陽正好，兩個人一起在床上睡午覺。哀帝忽然想起還有事情沒有辦完，便要起床離開。此時董賢正在睡夢當中，睡著時的臉龐安詳、靜美，哀帝不忍驚動了他，想悄悄離去。但剛一動彈，就發現自己的龍袍袖子被董賢枕在頭下。哀帝扯了扯，無法扯動，生怕一用力弄醒了董賢。自己想躺下接著睡，卻有急事在身。哀帝是走也不是，睡也不是，一籌莫展。他正不知如何是好的時候，忽然看到床頭的佩刀，心裡靈機一動：「這衣服不要也罷了，只要董賢能安睡就好。」說時遲，那時快，他一刀將衣袖斬斷，起身離開。這就是成語「斷袖之癖」的來源。由此可見這個漢哀帝對董賢寵愛到了何種程度。當然，一個男人在後宮得寵的消息在朝廷上下引起了極大的震撼。

雖然西漢時期寵愛男人在前朝就有先例，但漢哀帝卻將這種事情更加發揚光大。哀帝對董賢這種近乎病態的寵愛引起了眾位大臣的不滿。

皇上不勤理朝政，不愛護子民也就罷了；貪戀酒色，沉迷玩樂也就算了，放棄了做一個好皇上的原因竟然都是因為一個男人！天下還有比這更滑稽的事情嗎？還有比這更讓人吐血的事情嗎？所以這時候，就有人站出來說話了，這個人是當時的丞相王嘉。

我們知道，之前已經有好幾個官員因為和哀帝所持的意見不相同而被哀帝炒了魷魚，王嘉就是在那個時候當的丞

相。時至今日，王嘉也對哀帝的所作所為看不下去了。當時正值哀帝想加封董賢為高安侯，朝野上下怨聲載道。

王嘉為此給哀帝上了一道書，上書言：「我們之前看到皇上給董賢等三個人賜官封侯，沒有説什麼。但當時朝廷內外都對這一舉動議論紛紛。皆説皇帝寵愛董賢，『愛屋及烏』，連帶著對其身邊的人也關愛有加。現在皇上又要給他加官晉爵，我看還是應該先將您的打算對外宣布一下，讓我們這些朝臣開會商議一下可行不可行。如果可行的話，您馬上就可以給他封官，但如果您不聽勸阻，一意孤行的話，恐怕會失去更多的人心。」

王嘉怎麼也沒想到，這一封上書會使他無端地遭受牢獄之災，最後竟然丟掉了性命。可説是蒙受了巨大的冤屈。

接替王嘉為丞相的人叫孔光，這個人和死心眼的王嘉比起來，做人更加圓滑、世故。他眼見著皇上對董賢的寵愛已經非同一般，因此對董賢也是諸多逢迎。

有一次董賢要去拜訪孔光。聽説董賢要來，孔光一早就做好了準備。穿戴整齊後，一家子都出門列隊等候董賢的大駕光臨。遠遠地看見董賢的車馬一行向這邊走來，孔光連忙一路小跑，畢恭畢敬地迎了上去，點頭哈腰，奴顏婢膝。皇上聽説這件事後，非常高興，覺得這個孔光是個識時務的人，為了獎賞他，特意讓孔光的兩個侄兒升官。

當時有個叫丁明的人是大司馬。前丞相王嘉死後，丁明

在很多場合表示了對於王嘉之死的婉惜之情，甚至替他的死感到不值。哀帝不知道從哪裡聽來了這些小道消息，就找了個藉口將丁明免去了官職，讓董賢代任。

董賢哪敢就這麼接受下來，本來自己就已經是眾矢之的了，如果再做了大司馬，豈不更是被千夫所指了。他於是堅決不做，說自己沒有這個才能。哀帝拗不過他，只好先讓薛賞當這個大司馬。

但不知道是什麼原因，薛賞的大司馬沒做幾天，就突然死去了。死亡原因直到今天仍然是一個謎，死得可以說是不明不白。

接著董賢就做了大司馬，總領尚書之職，當時的文武百官都要聽他的話。那個時候，董賢還只有二十二歲，但他的地位已經超過了三公，掌握著天下的兵權，可謂是一人之下，萬人之上。

本來重權加身，董賢已經再也沒有任何要求了。但漢哀帝卻無時無刻不惦記著自己的小心肝，一有機會就想給自己的小心肝一點好處。很快的，漢哀帝又出了餿主意，再一次將董賢推向了風口浪尖。

哀帝設宴款待群臣。他和大臣們喝得正在興頭上，不知道是不是被酒精衝昏了頭腦，他也不顧身邊有多少大臣，一把拉過董賢，將他摟在懷裡，柔聲地說：「我想效仿堯帝禪讓，把我這個皇帝的位置交給你坐。」

話音剛落，大臣們都嚇呆了，大家面面相覷，完全不敢相信自己的耳朵。他們的心裡有一萬隻草泥馬在奔騰著，覺得不是皇上瘋了，就是自己瘋了。

一時之間，大殿之上沒有一個人出聲，因為大家都已經被驚得說不出話來。

董賢聽了這話，心裡很高興，但一時又不知道該如何表達自己的喜悅之情，而且當著這麼些人的面，也不好向皇上做些親昵的動作以示恩愛，也就沒有做出任何反應。

冷場了一段時間，忽然有一個人高聲叫喊：「萬萬不可。」這個人是中常侍王閎。

王閎說：「這個天下當初是漢高祖劉邦和一幫臣子拋頭顱、灑熱血才打下來的，並不是皇上您一個人所有。您上繼承祖宗祠堂，下自應傳於子孫，世代相繼才對。您看看您現在說的這是什麼話？這像話嗎？這是一國之君應該說出來的話嗎？」

哀帝正覺得自己是個可以和堯帝相媲美的明君，卻被王閎當頭一棒，敲得是怒從心頭起，遂下令將王閎趕了出去。

王太后聽說以後，替王閎向皇上求情。

哀帝的酒這時也早就醒了，本來已經忘記當時到底說了些什麼，一經王太后提醒，很快地想起來了。清醒之後，可能也覺得自己做得確實不對，身為皇帝竟然說出如此大逆不道的話，也必然會讓眾大臣生氣。因此，他就當給了王太后

一個人情，見臺階就下，原諒了王閎，而且從此之後再也沒有提過禪讓之事。

這件事情過了一年左右，忽然有一天，有人來報說匈奴的單于、烏孫大昆彌等來朝見漢哀帝。漢哀帝心想：這些番邦曾經幾次背叛我們的盟約和誓言，如今竟然主動來示好，這對於我這個當朝的皇帝來說，是多麼光宗耀祖的事情啊。

於是他下令大排筵席，迎接這些人，以示恩典，一來可以顯示出大漢朝是好客之邦，禮儀之邦；二來也可以向他們展示一下大漢朝是如何人才濟濟，讓他們看一看大中華的人物風貌。想到這些，哀帝下了一道聖旨，要求文武百官全來陪席，不得有違。

第二天一早，所有的朝臣全部於朝堂之上按班排列。漢哀帝看著這陣勢，心裡也不禁暗自得意，心想，這排場肯定可以震懾住這些個番邦小國了，就派人傳召單于等人上殿，並將自己的官員一一引見給二王。

之後，二王對著漢哀帝行朝參之禮。禮畢後，哀帝宣布宴會開始。於是，鼓樂齊鳴，管弦競奏，一副熱鬧非凡的場面。二王一同入席，其他人都在下首陪侍。一時之間，觥籌交錯，推杯換盞，好不熱鬧。

酒過三巡，菜過五味，單于也喝得暈乎乎的，他抬起頭東張西望，只見大殿之上有許多自己見也沒見過，聽也沒聽過的新奇之物，將整個大殿映襯得金碧輝煌。再看列席在

位的眾朝臣，一個個衣冠楚楚、相貌堂堂。不禁暗自心裡感歎：「這大漢朝，果然不同，不是我這個小國可以相比的。」正在羨慕呢，忽然看見大臣的席中，有一個年輕貌美的男子列於眾大臣之首，那長相，比自己家裡那些妃子還要好看。沒想到大漢朝連男子都能生得如此標緻，這個人到底是什麼身分呢？單于想問問，但自己説的語言和漢語不通，幾次三番地想起身問漢哀帝，但又怕失了自己的身分，於是站起來，坐下去，坐下去，站起來，一副焦急的模樣。

這時在他身邊陪坐的翻譯看到了他這副囧樣，便偷偷在他耳邊問是不是有什麼事情。單于想了想，説：「那邊有一美男子，長得十分招人喜歡，連我這個男人看著都不禁心生愛戀，而且他在朝臣前列，想必身分非同一般，不知道此人是誰？」

這番話被漢哀帝聽得真真切切。聽到有人誇獎他的小心肝，心裡別提有多高興了。連忙要翻譯告訴單于：「這個人是我們漢朝的大司馬董賢。你別看他年紀小，但論起人品來說，是一等一的大賢人；論起文治學識來，那滿朝文武也不抵他的一個腳趾頭。所以皇帝讓他官居要職。既然是這麼一個偉大的人物，皇帝當然讓他的座位排在眾位官員的前面了。」

雖然當時翻譯一定不是這麼説的，但用我們今天的話來説，也大致就是這個樣子了。

文武百官聽到漢哀帝竟然這麼不要臉地誇獎自己的男寵，都在心裡暗暗地笑。這都是什麼跟什麼啊，大漢朝這麼多的文武百官，這些話怎麼也不至於用來誇獎一個區區的男寵，他算老幾啊，於是一個個文武百官都在一旁不出聲地冷眼旁觀。

單于哪知道這件事有多麼混亂，只是聽說這是個有大才的人，又是個大官，再加上這人生得如此貌美，不禁也在心底生出幾分敬佩之情。於是他慌忙出席，拜倒在董賢的面前，口口聲聲地說漢哀帝真是好福氣，大漢朝竟然得到這麼一個人來輔佐，真是大漢朝的大幸，真是漢哀帝的大幸。這話說到漢哀帝的心坎裡了，他立刻對單于親近起來。

眾大臣看見這種滑稽的場面，想笑也不敢笑，差點憋出了內傷。但又慶幸這個單于什麼也不知道，這樣總好過家醜外揚，否則漢哀帝丟臉倒是不要緊，只怕整個大漢朝都要把臉丟到關外去，遲早淪為他人的笑柄了。

宴會結束之後，董賢回家休息。忽然聽見外面有聲響，嚇了他一跳。

董賢命人出去查看，回報說是外面的大門無緣無故地倒了下來。董賢大吃一驚，心想：「我家這都是剛蓋好的，又請了最好的工匠，用了最好的木料，怎麼才沒幾天，門竟然倒了呢？」

人們常常說，很多壞事在發生之前都是有預兆的。門剛

倒，外面就有人進來通傳，説是漢哀帝病倒了。

　　董賢一聽，大叫不好，連忙穿戴整齊，進宮探視。哀帝此時病容憔悴，但看見愛寵來了，心裡還是很高興，他強打精神安慰董賢，説自己只不過是偶染風寒，用不了幾日便會好轉，要他不要太擔心。這麼説，董賢提到喉嚨的心才算放了下來。

　　人算不如天算，這漢哀帝的病是一天不如一天，不到一個月就駕崩了，那是在元壽二年六月，漢哀帝當時年僅二十六歲。皇上一死，董賢就知道自己也活不了太久了。因為在皇上活著的時候，自己仗著皇上寵愛，著實得罪了太多的人。那些氣他擾亂朝綱的人，那些恨他得到厚愛的人，無一不想要他的命。自知自己沒有幾天的活路，他索性回到自己家中，和妻子一起自盡了。他死後的屍首被草草地埋葬，結束了他短暫又風光最後又無比淒涼的一生。

　　其實我們現在來看古代的歷史，無一不是抱著看客的心理。可以説漢哀帝劉欣曾經也是一個有治國之志的皇帝，他也有機會名垂青史，成為一代名君。但可惜的是，他空有一腔抱負，卻少了治國的才能。

　　在當皇帝的幾年之中，他被自己的祖母等人操控在手中，當成提線木偶，不得不説是可悲可歎的。他與董賢之間的愛情（我們姑且稱這是愛情吧！），也是冒天下之大不韙，身為一個皇帝，沒有一個皇帝的自覺，寵愛一個男人寵

愛到棄國家、江山於不顧的地步，必然會遭人唾棄。所以，他和董賢最後的結局也是必然的。

至於有人說他愛一個男人愛到敢與全天下作對的程度，可見他們之間是真愛，他仍然不失為一個可愛的男人這種說法，也是挺不知所謂的。因為他活在世上，第一個身分就是皇帝，其次才是個男人。

作為一個皇帝，他就應該做一個皇帝該做的事，而不是用自己的身分來對自己的男寵濫封濫賞，打壓那些對他直言進諫的大臣，以致自己最後死了，還讓劉家的大好江山被別人偷走。

總之一句話，這位爺兒是自己玩死了自己。至於他的是非功過，還是留給諸位看官自己判斷吧。

第二章

其實我是個演員

——新朝皇帝王莽

王莽這個人是有才還是無為,眾說紛紜,

有人說他是個理想主義者,是個改革家,

他的新政是共產主義的雛形,

甚至有人讚他是「周公再世」;

也有人說他是奸臣賊子的「楷模」,

他的新政理想化過了頭,是個復古狂,

他將整個新朝的政改,演變成了一出荒唐的鬧劇。

新朝皇帝
王莽

身分：西漢大司馬新朝皇帝
生卒年：西元前45年～西元23年
愛好：篡位，復古
座右銘：我是演員我自豪，我像「周公」
上榜原因：演了一輩子的戲，催眠自己能
　　　　　做個好皇帝。

其實關於王莽到底算不算皇帝，在歷史上一直是有爭論的。有些人並不承認王莽建立的新朝是一個獨立的朝代，而只將王莽視為攝皇帝，也就是說王莽本身雖然把持朝政，擁有實權，但實際上只是一個代理的皇帝，真正的江山還是屬於大漢朝所有。不過筆者還是更傾向於新朝是一個獨立的朝代，因為王莽畢竟稱帝，而且有自己的年號，還出了一系列的法令，並且大漢王朝分成了東西兩半，可以說與新朝的建立是密不可分的。

至於王莽這個人是有才還是無為，也都是眾說紛紜，各有各的道理。有人說他是個理想主義者，是個改革家，他的新政是共產主義的雛形，甚至有人讚他是「周公再世」；也有人說他是奸臣賊子的「楷模」，他的新政理想化過了頭，是個復古狂，將整個新朝的政改，演變成了一出荒誕的鬧劇。唐代大詩人白居易曾經作詩說王莽：「向使當初身便死，一生真偽複誰知！」

歷史其實是一個任人裝扮的小姑娘，問題在於，您是怎麼來看待它的。這一篇故事就要說這個爭議頗多的王莽，看過之後，您恐怕也會在心裡為他的形象畫出一個輪廓。

就只是個傳說

在進入本故事的正篇之前，我們要來說一個傳說。因為這個傳說與王莽篡漢有著絲絲縷縷的關係。傳說的主角是漢高祖劉邦，傳說的配角是一條大蟒蛇。好了，人物交代完畢，我們把時間倒退回西元前209年。

西元前209年是風雲變幻的一年。當時已經是秦朝末期，暴政橫行，災荒不斷，民不聊生。陳勝吳廣就是在這一年起義，用現在的話說，就是「打響了歷史上農民起義的第一槍」。

那個時候，劉邦還是秦朝的一個芝麻綠豆大的小官，擔任泗水亭長。亭長就相當於現在的鄉長，但管轄的內容可比現在的鄉長多很多。因為沒那麼多部門，所以就拿亭長當「驢」用。

有這麼一天，劉邦接到個任務，要押送一批勞工去給秦始皇修陵墓。當時的建築工人可不像現在待遇這麼好。那時候得天天幹活，沒有飽飯吃，一個不小心得罪了監官，還有被殺頭的危險。就算最後運氣好把陵墓建成了，可是這皇上的心思誰知道啊，最後會不會把建陵墓的工人拉去陪葬都說

不定，這種吃力不討好的活兒誰樂意去做啊！所以，半路就有很多人陸續地逃走了。

眼見著勞工人數越來越少，劉邦心裡犯了嘀咕：照這種情況發展下去，估計到了驪山，第一個被處死的人可能就是我。怎麼辦呢？他想了想，橫豎都是個死，還不如做個好人，於是決定把這批勞工都放了，自己再想別的辦法。

現在看來，這種做法真算是宅心仁厚了。沒想到的是，勞工們也是講究人，一看劉邦這麼寬容大度，竟然都決定要留下來追隨劉邦一起逃跑。

劉邦很開心，就和大夥一起喝起了酒。酒可能是喝多了，劉邦覺得暈乎乎的，但也不能耽誤了跑路，這要是讓人發現了可不是鬧著玩的，於是帶著酒勁兒繼續往前走。天色已經暗了下來，只能借著月光摸索著往前行進。忽然，走在前面的人驚叫一聲，跑到劉邦的身邊報告：「前面有一條大白蟒蛇擋住了道路的中央，咱們還是繞行吧。」

要不怎麼說酒壯慫人膽呢，劉邦本來也不是膽小之人，再加上多喝了點酒，也就天不怕地不怕了。

他大聲笑著說：「就一條小蛇，能擋住我的路？你們在這兒等著。」

然後他從眾人中間提著劍穿到隊伍的前面，果然看見有一隻條白蟒蛇正在那裡搖頭擺尾，張著血盆大口吐出紅色的舌頭。劉邦哪管得了那麼多，揮劍就準備劈向大蟒。

劍未落下，大白蟒蛇竟然開口講話：「我其實不是蛇，而是個天神，現正在凡間四方遊歷，看到如此年景，心裡也十分難受。不如我們一起推翻秦朝，平分天下，你看怎麼樣？」

劉邦哪裡肯答應，提劍又要斬。

大白蟒蛇歎了口氣，說：「既然你不肯，你就斬吧。你斬我頭，我亂你頭；你斬我尾，我亂你尾。」

劉邦大聲地說：「我既不斬你頭，也不斬你尾，我讓你從中間一刀兩斷。」說話間，劍已經落下。霎時，蛇的身子一分為二，血從中間流出，瞬間就染紅了草地。

蛇既死，道路也通了。

眾人繼續往前走，忽見一老婦人在路上痛哭。

劉邦上前問道：「老人家，妳為什麼在這裡大哭？」老婦人惡狠狠地看著劉邦，說：「我兒子被人殺了。」劉邦問：「妳兒子是誰？被什麼人殺了？」老婦人收起哭聲，厲聲說：「我兒子本是白帝子，在這裡化作大白蟒蛇擋住去路，想向赤帝子討個封號，沒想到赤帝子竟然把他殺了。」說完這番話，老婦人突然就不見了。

劉邦聽後，覺得自己就是那個赤帝子，於是堅定了反秦的決心，在沛縣起兵，最終建立了漢朝。而那個白帝子，傳說後來轉世成了王莽，因為莽與蟒同音。

而王莽也正如那條大白蟒蛇所說，你斬我哪裡，我斷你

哪裡。劉邦將蛇攔腰斬斷，王莽篡權殺了漢平帝，將漢朝攔腰斬斷，也可以說是報了劉邦那一劍之仇。

當然，這只是民間流傳的一個傳說。一開始本是劉邦為了自己起義有個名義才編造的一個故事，後來竟被王莽拿來作為篡漢的藉口。可見世間之事，因果循環，也許冥冥之中真有天意。

不易的成名之路

西元前45年，王莽出生在一個顯赫的家庭中。為什麼這麼說呢？我們查一下歷史就知道了。

王莽的祖先是齊國的貴族，後來齊被秦滅，王家才家道中落。但到漢武帝的時候，王氏家族中有一個叫王賀的人在宮裡做了一個繡衣御史的小官，雖然官位很低，但卻改變了王家後來的命運。

王賀的兒子叫王禁，這個王禁有很多妻妾，這些妻妾又給他生了很多的兒子和女兒。其中一個叫王政君的女兒在後來成為了漢元帝的皇后。而王禁眾多的兒子中，有一個就是王莽的父親王曼，這麼算下來，王莽就是王皇后的侄子，可見他的身分有多麼顯赫。後來，漢元帝病死了，王皇后的兒子繼承了帝位，就是漢成帝。

我們在講漢哀帝的時候就提過漢成帝，他一生就知道和女人胡混，完全不理朝政，這也為後來王莽篡漢留下了隱患。

這個漢成帝上臺之後，尊自己的母后為皇太后，並為王家眾人加官封侯。王家先後有九人封侯，五人官至大司馬，

這些都和漢成帝的昏庸是脫不了關係的。

　　不過這些榮華富貴卻和王莽一點都沾不上邊。因為王莽早年的時候命不太好，他父親是個短命鬼，還沒等活到封侯的時候就一命嗚呼了，而自己僅有的一個哥哥也年紀不大就死了。結果王莽家就剩下王莽和他的母親兩個人相依為命。

　　由於沒有了父親的庇護，王莽沒能像王家其他和他一般大的孩子那樣，靠著父親的權勢當個一官半職，過著錦衣玉食的生活。

　　不過當時的王莽還是個懂事的孩子，並沒有因為這樣就自甘墮落，怨天尤人，他反而敏而好學，節儉質樸，詩書禮經無不了然於胸，平時還孝敬自己的母親，善待自己的嫂子，並擔負起教導亡兄孩子的重任。在閒暇時他廣交朋友，遍訪名士，很受那些掌握著朝中重權的叔伯的喜歡。

　　如果在今日，這孩子就是個品學兼優的好學生，說不定還能成為「感動中國」的人物。

　　這樣的一個人，如果沒有後來做的那些荒唐事，本來也能成為歷史上一個赫赫有名的人物。但不得不說造化弄人，人一有了欲望，就會無限地膨脹，失去了自己的本性。王莽就是這樣一步一步地蛻變成後來的那個「新帝」的。

　　西元前22年，王莽的伯父王鳳生病在家休養。王鳳在當時的漢朝是個權傾朝野的角色，如果把他伺候好了，他日必將前途不可限量。王莽深知這一點。所以趁著王鳳生病這個

機會，王莽傾盡所能地對他悉心照顧，一連幾個月衣不解帶地送水送飯，把屎把尿，可以說是無微不至。有的時候王鳳喝個湯，飲個茶，王莽都放在自己的嘴邊吹涼了給他喝，那真是比親生兒子都孝順。

不管是孝心也好，演戲也罷，王莽的目的達到了。

雖然他這樣精心伺候，王鳳還是命歸西天了，只不過在臨死之前，王鳳請求皇太后和皇上能夠給王莽個一官半職當當，也算是了卻了他最後的一個願望。

人之將死，王皇后傷心還來不及，怎麼會拒絕這小小的要求呢？於是，王莽就在王鳳死後，做了黃門郎。黃門郎這個官職，雖然不大，但是總還有能夠接近皇上的機會，對於王莽這種善於把握機會的人來說，再適合不過了。再加上王莽為人聰明，又善於攀附權貴，沒過多久就被成帝提拔為射聲校尉，年領二千石。這個官相當於現在的市長級別，可見這官職已經相當高了。而這個時候的王莽年僅二十四歲，他還有著更光明的未來，更廣闊的前途。

看到這裡，您一定認為王莽之後的仕途是一帆風順，平步青雲的。但事實上卻並非如此，因為王莽這時有一個可以被他稱之為對手的人，這個人就是淳于長。

淳于長是王莽大姑的兒子，也就是王皇后的外甥，也是個頗有才學之人，而且其心機之重並不在王莽之下。因此，二人的初登仕途之路走得竟然出乎意料般地吻合——那就是

借王鳳這股東風。

　　前文已經說到大司馬王鳳得了不知名的病，在家裡休養。當時想借王鳳之力升官發財的人並不在少數。當王莽下定決心去伺候王鳳的時候，王鳳的家裡已經擠滿了前來獻媚的人。王莽想擠到王鳳身邊讓王鳳看一眼都找不到能插進去的空隙，於是只好在外面坐下等候時機。他就是在這個時候看見淳于長的。

　　兩人都看見了彼此，又向密不透風的人群望了幾眼，然後相視苦笑，搖了搖頭，頗有點英雄惜英雄的味道。本來這種情況換作一般人的話，早就選擇離開了，但這兩個人當時都留了下來。

　　在一群人相繼離開，甚至王鳳的子女都離開了王鳳身邊的情況下，這二人繼續留了下來照顧他。淳于長和王莽就像較著勁一樣，你對王鳳好，我比你對他還好；你對王鳳照顧得仔細，我比你照顧得更仔細。

　　就這樣，感動得王鳳老淚縱橫，悔不當初，說自己以前愧對了這兩個人，說到傷心處，三個人抱著痛哭。這戲演得連王莽和淳于長都已經不知道是真心還是假意了。後來，王鳳臨死不只推舉了王莽，也同樣推舉了淳于長，

　　只不過，兩個人在後面卻走上了不同的道路。

　　王莽的官越做越大，但為人卻很謙恭，沒有一點架子，不僅和每一位大臣都相處得很好，還到處尋訪賢良之士拜其

為師，遇到饑寒交迫的人還會接濟他們。無論朝內還是朝外，一提到王莽，無不欽佩讚歎，可以說是有一個好名聲在外。

而淳于長與王莽相比，卻更善於巴結奉承，特別是對漢成帝，更是用盡心機地百般討好。當時，漢成帝正好遇到了美女趙飛燕，而且對她的寵愛之情日益加深，甚至想將她立為皇后。當時的文武百官無不認為這一舉動不可行，連皇太后都不肯答應，只有淳于長反其道而行。

淳于長找到了漢成帝，主動請命，說自己一定能讓皇太后同意皇上的提議。這小子也確實沒辜負皇帝對他的期望，憑著自己的三寸不爛之舌說服了王太后，讓王太后同意立成帝的愛妃趙飛燕為皇后。

自己的願望實現，皇上心裡當然高興了。俗話說「吃水不忘打井人」，自己能立趙飛燕為後，這淳于長可以說是功不可沒，漢成帝心裡對淳于長感激不盡，自然對他另眼相看，於是很快封他做了關內侯，之後又封為定陵侯。

當時王莽也因為另一位叔父王商的舉薦而被封為新都侯，可以說和淳于長的地位不相上下。但於私情上，漢成帝更偏向於淳于長，封他為定陵侯就足見皇帝的心裡所想。因為定陵侯名列九卿之首，按照以往的慣例，是一定會繼任大司馬的。所以，在這個時候，王莽和淳于長相比，又有些棋輸一招。

　　淳于長得了皇上做靠山之後，便開始變得有些忘乎所以。

　　人們常說：「人無遠慮，必有近憂。」這淳于長雖然也是工於心計之人，但卻沒有將眼光放得長遠一些。所以，一旦有了點成就，他就不把其他人放在眼裡了。

　　許皇后有一個姐姐，年紀輕輕就經歷了喪夫之痛。淳于長這個時候位高權重，本已妻妾成群，卻仍然不改好色的本性，與許皇后的姐姐通姦。後來用了些許的手段將她納為妾侍。這樣，他和許皇后的關係就更近了一層。

　　因為趙飛燕被立為皇后，許皇后則被廢，她心裡也十分不甘，於是找自己的姐姐請求淳于長幫助她向皇上求情，希望漢成帝能收回成命，恢復她皇后的地位，為此，她特別將宮中珍稀的物品和值錢的玩意兒大批大批地往淳于長那裡送。

　　本來淳于長眼見許皇后早已失勢，因此也不太將這件事放在心上。但是白白送上門的東西哪有不要的道理。因此，禮物還是照收不誤，但事情卻沒有下力氣去替許皇后辦。

　　不只這樣，他還常常透過許皇后的姐姐給許皇后送書信，信裡寫的話拿到現代來說已經叫性騷擾了。但許皇后為了能夠得回以前的地位，也顧不得這些了。

　　這件事不知道怎麼就傳到了王莽的耳朵裡。王莽正苦於找不到一個理由幹掉淳于長這個眼中釘、肉中刺，沒想到淳

于長竟然自己沒事找事地往他的槍口上撞。你給我機會讓我整死你，我又怎麼能辜負你這一片心呢！於是王莽沒有絲毫猶豫，下定決心要以此為契機除掉這個心頭大患。

我們之前就說過，王家在當時的漢朝已經是最顯貴的家族，所謂的一門九侯並不是空有虛名。王莽的另一位叔父王根是曲陽侯，也是當朝的大司馬，手握兵權，這些日子身體不是很好，在家裡養病。王莽借著探病的藉口來到了王根的府中，說了一番客套話後，話鋒一轉，說到了淳于長。

想他王莽是多麼聰明的人啊，他知道如果先說淳于長的不好，也許會被叔父認為自己是對淳于長羨慕嫉妒恨，所以想著要先用話語激起王根對淳于長的不滿，自己再藉機參他一本，這樣一來，任淳于長百口也莫辯了。

王莽清了清嗓子，對王根說：「叔叔，眼下我聽到朝裡有些傳聞，不知該不該說。」這老將軍也是直爽之人，看了一眼王莽，說：「賢侄有話不妨直說。」王莽故意做了一個為難的樣子，遲疑了一下，慢慢地說：「您老人家生病這件事本來滿朝文武都很著急、關心。但只有淳于長表現得很開心，很高興。他和那些朝臣說您如果一病不起的話，必然由他接替您這大司馬的位置。現在他雖然只是代您行使職權，卻已先向很多人許下了願，一旦他上位後，必會對這些人封官晉爵。」

老爺子聽了這話氣得差點一口鮮血噴出來，嘴裡不住地

說：「孽障，孽障。」

王莽一看，時機已到，便一股腦兒將淳于長收受賄賂、結黨營私、私收宮中財物，並與許皇后曖昧不清之事講了出來。

王根越聽越覺得氣，還埋怨王莽：「你早就知道這些事，怎麼不早點來告訴我？」王莽誠惶誠恐地說：「因為叔父身染宿疾，我怕您再氣壞了身子。但我看淳于長越來越不把您放在眼裡，因此才斗膽向您講明，還望您定奪。」

王根想了一下說：「你速速去太后那裡，把這些話說給她聽，讓她決定這件事該怎麼辦。」

王莽既得了王根的定心丸，出了王府便火速趕到太后那裡，將淳于長的事如此這般地講給太后聽。

太后聽完後也很是生氣。雖然淳于長是自己的外甥，但做出如此大逆不道的事情，任誰也無法縱容。因此，太后遣王莽直接面見皇上，請皇上懲治淳于長。

到了漢成帝面前，之前說的那番話王莽早就已經滾瓜爛熟，照例又複述了一遍。成帝一聽，心想：「你這挖牆腳都挖到我這來了，我還留你何用？」漢成帝於是下了一道聖旨，將淳于長免去現任官職，趕回他自己的封地。

淳于長這個時候還不知道自己接下來的處境，仍然自鳴得意，做著當大司馬的美夢。他突然接到聖旨，知道自己被免了官，發回原籍，彷彿晴天霹靂一般，呆呆地不知所以。

後來才知道是王莽在背後告了自己的狀。但人家所言非虛，自己卻挑不出人家的一點毛病。「為人不做虧心事，夜半敲門也不驚」，自己做的那些事確實無法對人言，也只能認下這個啞巴虧。

其實，以淳于長這些年所得的財富，即使在原籍安心持家，也是一生都享之不盡，用之不竭的。但他偏偏不肯安於現狀，無時無刻不想著東山再起，便託自己的表兄弟王融向他父親王立託請，為他向漢成帝求情，還送了好些的金銀珠寶、玉石首飾。

王融的父親王立看到這麼多財寶，眼睛都紅了，當即答應下來，隨後就直奔宮中，對皇上說淳于長是被人冤枉的，希望皇上能收回成命。

漢成帝的確是個昏庸好色的皇帝，但你不能當他真的是白癡傻子那樣沒有判斷力，他也分得清誰的話是真，誰的話是假。眼見王立說得跟演戲似的，皇帝立刻起了疑心，便命人徹查此事。王立眼見事情敗露，為了保全自己，只得讓自己的兒子王融自殺謝罪。

皇上更覺得這事不簡單，便派人將淳于長捉到監牢裡，經過嚴刑逼供，淳于長實在是受不了了，就將自己是如何收受許皇后的賄賂，又如何寫信調戲許皇后這些事一一供了出來。按例，淳于長被判大逆之罪，但他沒幾天竟然在獄中死了。

　　淳于長死後，王莽再沒有了絆腳石。而且自己主動揭發表兄的罪行，算得上是大義滅親，不僅皇上對其讚賞有加，更是獲得了群臣的一致認可。

　　沒過多久，王莽的叔叔王根退休了，在眾大臣的一片贊成聲中王根推舉了王莽接任大司馬一職，代替自己主持朝政。

　　這一年是西元前8年，王莽只有38歲。

鋒芒不要太露哦

王莽做了大司馬後，便立下了雄心壯志，那就是要在有生之年超過那些前輩，成為一代名臣。到底要怎麼做呢？王莽也有自己的一番計畫。

他出了一個招聘廣告，聘請一些知名人士來為自己做事，包三餐，有休息日，因此來應徵的人可說是絡繹不絕。當然，這些人也知道替王莽做事是有好處的。雖然王莽的真面目是什麼他們不得而知，但至少表面上表現出來的是平易近人、禮賢下士。比如平時從皇上那裡得來了什麼賞賜，王莽一點都不留給自己，而全部分給自己的賓客和下屬。

為了替自己塑造一個好的形象，王莽在生活上也是省吃儉用，穿的衣服是粗布製成的，飯菜也是平常百姓家的粗茶淡飯。不過，要想把戲做足了，還得有些群眾演員的配合，比如說王莽的妻子。

有一次，王莽的母親病了，很多人都過府來探望。只見一個農婦打扮的女人忙裡忙外地招呼著客人，客人都以為是王府的老媽子。經人介紹後，人們才知道這個女人就是王莽的妻子。這還得了，堂堂一品大員的老婆吃穿用度都和百姓

一樣，這種兩袖清風的官員上哪裡找去啊！一時之間，王莽的節儉成為了佳話，並且在百姓和朝臣中傳開了。

　　但是，這個世界上是不存在聖人的，都是一些裝作聖人的人。所以，王莽偶爾也會露出馬腳。比如他某一天春心大動，買了一個女人做自己的小妾，被他的那些堂兄弟知道了。王莽心想：這可不行，讓這幫人知道了，傳出去肯定壞了我的名聲啊，怎麼辦呢？思來想去……還真的讓他想出個好辦法──就是栽贓到別人身上……將軍朱傅一直沒有孩子，就往他身上安好了。

　　於是王莽對外宣稱這個女人有多子的面相，所以自己買來是為了給朱傅當妾侍。說完就把自己的小妾送給了朱傅……。

　　所以說，把王莽放在今日，絕對夠資格在演藝圈裡混，而且演技真不是蓋的，能夠數十年如一日地偽裝自己，這是一種什麼樣的精神啊！

　　正在王莽春風得意的時候，漢成帝駕崩了。而且繼承皇位的，偏偏是和王太后沒有一點關係的漢哀帝。

　　漢哀帝繼位後，本來是想當一位好皇帝，俗話說「新官上任三把火」，因此漢哀帝上來之後，第一件事情就是拿王氏家族開刀，從王氏一門收回實權，交由自己的祖母傅太后的家人掌控。

　　但事實上也只是換湯不換藥的事，外戚專權的實質也不

過是把權力從王家之手換到丁、傅兩家之手。王太后對於這個現象也不好再多說什麼，一朝天子一朝臣這都是有數的，自己也無法再對朝政指手畫腳，只好選擇避其鋒芒，任由傅太后隻手遮天。

王莽一開始並不信邪，在一次宴會上讓人將傅太后的座位從王太后身邊撤走，並聲稱傅太后只是「藩妾」。這可把傅太后給得罪了，她跑到漢哀帝那裡一哭二鬧三上吊地要哀帝懲罰王莽。

王莽聽說之後，馬上自己向皇上請辭，事實證明，他這步棋走得雖然危險，卻很巧妙。此舉不僅沒有傷他元氣，而且還使他贏得了好名聲。

在他不在朝的許多年間，為他鳴冤上書的大臣不計其數，可見他在朝廷裡的人緣有多麼好……他這麼多年的戲真就不是白演的。

其間哀帝是如何昏庸無能、寵愛男色之前已經說過了，在這裡也就不再贅述。

因為這期間王莽在自己的封地閉門不出，修身養性，透過一系列的演出，為自己累積著人氣和聲望。

喂，戲演得過火了

　　時光荏苒，歲月如梭，幾年的時間一眨眼就過去了。漢哀帝由於縱慾過度，命歸西天。哀帝寵愛的董賢當時雖然貴為大司馬，卻沒一點主意。於是，王太后主張將王莽請回宮中，操辦哀帝的身後事。

　　機會再一次降臨到了王莽的頭上。王莽回朝第一件事，就是安撫人心，罷了董賢的官，將他逼死。

　　至此，王莽可以說是獨攬大權，重新回到以前的地位，甚至可以說是超過了漢成帝在位之時。

　　國不可一日無君，王太后和王莽商議之後，決定立中山王的兒子繼承帝位，就是漢平帝。當時這個小皇上只有九歲。一個九歲的孩子，知道什麼？因此，大家決定由王太皇太后臨朝聽政，由王莽做首輔。

　　這回，王太皇太后可真是揚眉吐氣了。她先是貶了曾經和她享同樣待遇的趙太后和漢哀帝的祖母、母親，後又免去了丁、傅兩家親屬的官職。

　　王太皇太后被王莽哄得團團轉，以為這些都是多虧有王莽在，自己才能出此惡氣，因此對王莽也是言聽計從。她一

介女流怎麼也不是王莽的對手，她不知道，王莽此番連續的
動作，其實是為了自己以後能夠進一步奪取皇權掃平道路。
這個時候，王莽的狼子野心已經慢慢地顯露出來了。

朝中有一些心明眼亮的大臣看出王莽的種種行為完全是
「醉翁之意不在酒」，但是無奈王莽掌有實權，如有人違逆
他半分，都會被他以種種藉口治罪。因此很多人都稱病告老
還鄉。留在朝中的，都是些趨炎附勢之人，他們開始揣摩王
莽的心意，盡挑些他愛聽的說。

王莽也深知最近這段時間自己的「表演」有些過火，失
去了很多的人心。於是，心裡盤算著怎麼能籠絡人心，讓自
己名正言順地把持朝政。

想著想著，就想到了周朝時期的一個人，姬旦，也就是
被世人稱為周公的周公旦。自己現在和周公當時所處的環境
是一樣的，同樣是輔佐小皇帝，同樣被人疑為想要篡權謀
反，雖然自己是真心想篡，和周公的忠心無法比擬，但自己
可以效仿周公，先穩定住人心再另做打算。

周公輔佐周成王的時候，塞外有個越賞氏，來中原獻白
雉。於是，王莽也在塞外買通了一個人，假稱是越賞氏，也
來獻白雉。但這事到底是怎麼回事，滿朝文武也都是心知肚
明的，只不過誰也不戳破，任王莽的好戲一直上演下去。不
僅如此，一些人還推波助瀾，說王莽和當年的周公一樣，使
國家安定富強，應該加封他為安漢公。

　　太皇太后哪懂這些？只覺得大家說得有道理，於是就下了旨。王莽還假惺惺地上書對太皇太后的深明大義表示感謝，可謂是戲做足了全套。

　　王莽還派人四處編造一些祥瑞之事，加深自己的威名。什麼白蛇傳說，黃龍出水……一套一套的編。除此之外，他還安排自己的女兒嫁給了漢平帝。

　　雖然自己已經成為了當今皇帝的老丈人，王莽也仍然不肯滿足。他依然在不停地演戲，到處賑濟災民，捐田獻宅。他還拉著太皇太后一起出去巡遊，讓她也體會到了被老百姓愛戴的虛榮，進一步得到了她的歡心。

　　到了這一步，滿朝的文武百官和民間的普通百姓都只知漢朝有王莽，而不知有平帝了。全國各地都有官吏、平民上書要求皇上加賞安漢公。民間還編著歌頌王莽的歌謠，可以說此時的王莽已經盡得人心了。

　　王莽看時機已到，便決定要對平帝下毒手。

　　他在某一天，給平帝獻了一杯毒酒，平帝喝下之後腹痛難忍，不久就駕鶴西歸了。

　　在接替平帝繼承皇位的人選上，王莽挑來挑去，挑了一個剛剛才兩歲的孩子劉嬰為皇太子。這擺明了就是想自己取而代之，成為皇帝。

　　太皇太后哪肯答應。王莽又拿出了一塊白色的玉石，上面用朱砂書寫著：「告安漢公王莽為皇帝。」群臣都說這是

上天的旨意，要太皇太后應允，以順應天意。太皇太后無奈，只得下詔封王莽為「攝皇帝」，出入皆與皇帝相同。

這下子，劉氏皇族的人全都傻了眼。眼看著大漢的江山即將旁落，於是開始奮起反抗。各地都集結了一些隊伍，要造王莽的反。

王莽也是真害怕了，夜以繼日地抱著兩歲的小皇帝在宗廟禱告。但這些臨時集結起來的人畢竟都只是烏合之眾，短短幾個月就被王莽的大軍給鎮壓了下來。王莽這一次將所有的障礙都一掃而光了。

這時候，有些拍馬屁的大臣就開始慫恿王莽自己當皇上，說做代理的哪會真的舒服。還有些人又編造一些天意來蒙騙世人，王莽漸漸地也越來越相信自己是白蛇轉世，天生是當皇上的命。於是，他到太皇太后那裡去要皇帝的玉璽，這個時候太皇太后才幡然醒悟，知道自己一直都被王莽當作棋子，只是悔之晚矣。沒辦法，王太皇太后只得把玉璽交出。

終於，王莽在一幫大臣的忽悠之下，正式登基為皇帝，改國號為新，廢了兩歲的小皇帝，改稱安定公。

至此，大漢朝的運數就像當初傳說裡說的那樣，被人從中間一分為二，漢高祖劉邦建立的西漢王朝歷時大約二百一十年，被一個外戚王莽畫上了一個休止符。而分裂了漢朝的這個人，也在他悲劇的道路上，一去不回頭了。

一著錯，滿盤輸

　　王莽當上皇帝之後，做的第一件事情就十分荒唐。在他沒下決心當皇帝之前，不是就有一些小人在他身邊，這裡面有一個叫哀章的人，是最後讓王莽下決心篡位的關鍵人物。

　　哀章這個人本來是一個地痞無賴。為了迎合王莽，他私下做了一個銅櫃，上面刻上了傳位於王莽的箴言。

　　一切準備妥當後，哀章自己扮成一個道士，把這個東西交給了高祖廟的守衛，又裝神弄鬼地說了一些神明的話。這守衛信以為真，連忙把這件事情報告給王莽，王莽打開來看，上面果然寫著攝皇帝王莽應該是真正的天子。再往下看，還刻著在王莽當皇帝後，應該輔佐他的大臣的名字，上面自然有哀章本人。

　　王莽至此也開始相信自己當皇上是天意所為。這麼看來，王莽也算是讓一個地痞流氓給算計了，才走上了一條不歸路。

　　話說這個銅櫃上刻著十一個輔政大臣的名字，王莽為了順應天意，便到處派人尋找這些人。除了一個叫王興、一個叫王盛的以外，其他的人都尋找到了，但畢竟這都是哀章編

造出來騙王莽的，所以王興和王盛本來就是不存在的人。可是王莽執意要尋找，最後逼得沒辦法，把一個看城門的和一個賣燒餅同名同姓的人找了來，還封為將軍。看看他找的這些人，不是流氓地痞就是販夫走卒，這些人湊在一起，能把一個國家治理成什麼樣也就可想而知了。

王莽剛當上皇帝，就開始了他始無前例的「折騰」。為什麼呢？因為他深信自己不只有帝王運，還有帝王才。

當上了皇帝還不滿足，他最大的夢想是做一個革新的皇帝。因此，他上臺後就推出了一系列的新政。當然，他不知道他的「新政」竟然會成為他自己的「催命符」。

我們在前面提到過，王莽將自己比作是周朝時的周公。因此，他就變身成了周公最忠實的粉絲。

一個粉絲要做什麼呢？那就是效仿。他打算效仿古制，所有的制度什麼的都復古，改成和周朝時候一個樣。第一個被他下手的，就是名稱。

這是一場空前絕後的改名運動，它的普及程度，完全可以說是遍及全國每一個角落。什麼地名、建築名，都讓他改了一遍。

要是只弄這些無傷大雅的東西，改了也就改了。可是王莽不願意就這麼停手，既然改了，就得改徹底。於是，官名也得改。他把傳說中的上古官制和漢朝的官制結合在一起，變成新的官制。

其實，在這一點上，我們不得不承認，王莽還是很有頭腦的，至少知道古今結合，在保存了古韻的同時，提出了創新。就這一點來說，是應該表揚的。但是，你改就改了吧，改完還折騰……

在他當政的這些年裡，這些地名、官名可以說是改了又改。今天覺得這個好了，用一次；明天覺得不好了，再改回原來的。折騰來折騰去，當官的記不住自己到底是什麼官職，多大的官；老百姓甚至搞不清楚自己所住的地方到底叫什麼名。有的時候，下個聖旨什麼的，還得用標注一下原來這地方叫什麼……這個改名運動真可以說是既吃力又不討好。

改名運動持續了很長時間，我們就不再提它了。

之後，王莽又在閒來無事的時候想出另一個點子。是什麼呢？就是在他改制中最著名的「王田制」。

「王田制」的實質就是將土地收歸國有，不得私自買賣。讓田多的人分其田，讓田少或者無田的人得地種。看看，這是一種多麼超前的意識。新中國也將土地收歸國有，並且進行過一場轟轟烈烈的「打土豪，分田地」的土地改革運動。這也成為新中國建國的基礎。但看看在幾千年前，就有這麼一個人實行過同樣的運動。只不過，同樣的制度放在不同的社會階段，必然會導致不同的後果。因為那個時候的封建制度，並不允許王莽提出的這種損害封建地主土豪利益

的制度出現，這一政策勢必會引起那些人的強烈反對。

而且，在「王田制」的基礎上，他還頒布了「私屬令」，就是說自己家的奴婢，都是私人所有，禁止買賣。這一下子更激起了廣大地主的不滿。

本來買奴婢就是為了進行農業生產的。可是，一個「王田制」讓地主失去了大部分的土地。而當時買來為了種田、生產的奴婢又不能賣出去，也就是說，當沒事情做了，還得讓他們白吃飯，這樣誰也不樂意。而且，因為實質上並沒有那麼多的土地被收回。因此，能分到土地的百姓也是少之又少；分到土地的人心裡又不踏實，害怕哪天皇帝一不高興，這些「王田」又被收走了。

所以說，「王田制」在當時就像食之無味，棄之可惜的雞肋，持續了沒有多長時間，王莽實在是頂不住壓力了，只得恢復之前的制度。於是，奴婢買賣又合法了，地主又拿回了之前被沒收的土地，「太陽照常升起」。只不過，王莽因為這樣，又失去了一部分支持者，包括當初得到土地的那些「農民」。這和沒有希望不一樣，王莽的做法是給了他們希望，又無情地粉碎了他們的希望，這比沒有希望來得更殘忍。他們因此對王莽也心生怨恨。

本來，折騰到現在，王莽連點好處都沒撈到，也該安安分分地當他的皇上了。他卻偏不，又出開始了「五均」、「賒貸」和「六管」。

　　大家可能就不知道這三項是什麼東西。那麼我們就在這裡解說一下。因為如果不詳細地對這些制度進行說明，各位就不會知道王莽的想法在當時看來有多麼大膽和前衛。

　　所謂的「五均」，就是說要由國家來管理工商業和物價。而「賒貸」就是在百姓遇到例如出殯啊、死人啊，或者經營個小買賣沒有錢的時候，由官府向百姓發放貸款，而且利息還非常少。比如貸款是為了辦喪事，就不收利息。如果是想借點錢做點小買賣，每年只收百分之十的利息。以現在的眼光看來，這些是十分人性化的政策。

　　另外，國家還將鹽、鐵、酒的經營權收回由國家專賣；專門有一個機構負責鑄造錢幣，並統一發行；山川都由國家統一管理，並收「山澤稅」。這些加一起一共是五基，再加上國家負責的「賒貸」，就稱為六管。

　　這些都可說是在歷史上開創了一個先驅。而這些政策內容看上去也找不到一點不合理的地方。如果真的能施行的話，中國的發展必然會超前幾千年。

　　但是，王莽錯就錯在他沒有考慮到當時的局限性。施政的前提是國家握有相當大的財力和物力，並且有一個合理的領導班子，一套強而有力的管理手段。但這幾樣，當時的王莽和新朝都是不具備的。

　　特別是王莽本人，我們從他之前實施的那些政策來看，就知道他是一個搖擺不定的人。用現在的話說就是「猴戲多

變」，想做什麼就做什麼，沒有一點計畫，完全不考慮自己所決定的事情是否可行，等不行的時候，再推翻重來。

這樣幾次三番，必然會給人一種不好的印象，覺得王莽這個皇帝當得「顛三倒四」，一點都不可靠。而且，這些政策的實施不僅沒達到應有的作用，反倒給了奸商貪官撈取錢財的好機會。他們利用職權投機倒把、貪污受賄，盡情地搜刮民脂民膏，更增加了百姓的生活負擔，加劇了社會的動盪。

真是禍不單行

可以說，王莽的這些復古改革，沒有一個是成功的。頒布一個，失敗一個；實行一個，完蛋一個，弄得王莽真是一籌莫展。

俗話說：「屋漏偏逢連夜雨」。就在王莽的改革陷入僵局時，邊疆又傳來了戰爭的消息。這對當時的新朝來說，完全是「雪上加霜」。

這一禍患，是在王莽當皇帝的初期留下的。當初王莽逼迫羌人獻出他們青海湖的土地，設立一個西海郡。為什麼非得要這塊地方呢？說起來原因可笑得很。就是為了和當時國內已有的東海郡、北海郡、南海郡在一起湊成「東西南北」四郡。這一做法，引起了羌人的不滿。

王莽當上皇帝以後，覺得少數民族是不應該稱王的，否則的話，身分不就和自己是一樣的了嗎？因此，他就收回了漢朝以前頒給匈奴的印璽，換成了新朝的印章。又將匈奴改稱「降奴」，將單于改為「降奴服於」。

這一下子，就把匈奴的單于給激怒了。這分明就是不把匈奴人放在眼裡，對於匈奴人來說，沒有比這種污辱更讓他

們受不了的。受這種奇恥大辱，如果不以戰爭來解決的話，他們絕對咽不下這口氣。於是，匈奴單于一怒之下，發兵攻打新朝。王莽當然也就只有出兵反擊了。

可笑的是，他集結了一批囚徒、壯丁，前後有三十萬人，但到了邊境卻不再往前深入，不知道是為了什麼。現在有人說他其實只是想借此機會將新朝的窮人送上戰場去當炮灰，這樣GDP就會很高很高，統計資料一出，國家立刻就是富裕的典範，他王莽也就成就了一世美名。

不過，這樣幾番折騰下來，外患一點也沒有解決。「福無雙至，禍不單行」，王莽的新朝內部此時也開始變得不安寧了。

王莽當時有一個親信，叫甄豐。從王莽當皇上開始，就一直對他很器重，無論什麼事情都能想到他，對他委以重任。只不過甄豐一直就對王莽「代漢立新」感到不滿，雖然掩飾得比較好，卻也被王莽察覺了，王莽便找了個藉口降了他的職。

甄豐很生氣，後果很嚴重。他偽造了一份「檔案」，說新朝應該將陝西一帶分成兩個部分，讓甄豐和當時的太傅分別治理。王莽雖然很生氣，但一想到甄豐曾經的好處，也就狠心，同意了「檔案」上所說的事情。但甄豐不滿，又偽造了一個「檔案」，說王莽的女兒要做他的妻子。

這回王莽再也受不了了，下令逮捕甄豐父子。最後二人

一個自殺，一個被王莽殺死了。

從此之後，王莽再也不相信自己身邊的人了。他覺得無論自己對他們多好，他們都可能會背叛自己，最終使得王莽的疑心越來越重。

一路走下來，王莽和大臣的矛盾越來越激化；他對外族挑起戰事，使國庫入不敷出；改革的失敗，又使得富商們對他失去了信心，同時還打擊了百姓對他的期望。內憂外患讓王莽不堪其擾，疲於應對。於是，他迷上了「成仙」。

有人為了迎合王莽成仙的意圖，告訴他說，以前黃帝之所以能成仙，是因為他建了一個華蓋，他一直在裡面待著，後來就變成了神仙。一聽到這兒，王莽樂壞了。他趕緊派人建一個九重華蓋。黃帝不是用華蓋成的仙嗎？那我就把這個華蓋弄得富麗堂皇，就一定成仙成得更快。

建成之後，王莽就把這兒當成了成仙的基地，每次外出都要坐在裡面，車上放幾個人敲鑼打鼓，拉車的人還要一邊拉一邊喊：「登仙！登仙！」

為了加快自己成仙的步伐，他在民間搜羅了一批能人異士：什麼用一匹馬就能讓一百萬的士兵過河的，煉出的丹藥吃完以後打仗就更勇猛，還不會餓的，插上翅膀就能飛的……說穿了，就是一些江湖術士騙吃騙喝的。可是王莽信以為真，還將這些人弄到宮中，論能力封官，一時之間，宮裡弄得好不熱鬧。

但是，王莽神仙還沒當上，國家就已經在崩潰的邊緣了。

天公也不作美，在這個時候，偏偏來了一場天災。災難遍及了當時每個地方，社會動盪，民不聊生，到處都有起義的消息，這讓王莽愁壞了，怎麼辦呢？他把手下的那些個奇人異士召集到了一起，要他們想個好辦法出來。

這些人你看看我，我看看你，都沒了主意。這裡面有個叫崔發的人，站出來說，《周禮》、《春秋》、《左傳》上都有記載，說如果國家有大災難，可以用哭來壓制它。要先號啕大哭，然後向上天禱告。上天看你這麼難過，自然就會幫你了。

但連傻子都知道這種事情怎麼可能……可是這個時候的王莽不知道是急昏了頭，還是犯了傻，總之，他居然相信了這麼荒謬的說法，並照做了。

不只這樣，他覺得光自己哭是沒辦法感動上天的，如果有很多人一起哭，老天爺才會開眼。於是，他又動員整個都城的百姓和他一起哭。大家想像一下，這是多麼有意思的風景：一城的人，成天什麼事也不做了，就坐那兒哭，哭累了，可以到國家設立的粥棚去喝粥，喝飽了繼續哭。簡直是哭得昏天暗地，風起雲湧。

但是，不管王莽做什麼，都改變不了他已經失敗的事實。起義軍很快就攻入了長安。王莽的頭被起義軍砍下，屍

體也被肢解，甚至還有人割了他的舌頭分著吃。他們說，就因為他巧舌如簧，才瞞騙了天下。

通篇看下來，眾位可能覺得，王莽這個人其實並不是那麼荒唐，以他的種種行為，還算不上是荒誕不經。但如果查字典我們就可以發現，所謂的「荒誕」，並不單單指生活作風上的。

也許王莽不像歷朝歷代的那些昏君，貪圖享樂，沉迷酒色。他甚至勤於朝政，可以說是有點勵精圖治的味道。但他一味地想為自己建功立業，不顧社會的局限性，實行復古的改革，給當時的百姓造成了更大的災難。而且在後期，他還迷信怪力亂神，更加深了其荒誕的色彩。

儘管有很多人說他的改革是社會主義的雛形，但在當時的歷史條件下，他所有的想法都是不切實際的。再加上他自己立場不堅定，決心常動搖，以至於自己最後走上了一條不歸路。

其實，以王莽的聰明才智，如果他安心地做他的大司馬，幫助漢室穩定江山，而不是取而代之的話，也許他真會像周公一樣成為一代名相。

再如果他在篡位之後能老老實實地當他的皇上，不荒誕地妄想復古改革的話，他也許會成為一代名君。但他的野心或者說是「夢想」實在是太大了，大到了不切實際，大到連他自己都駕馭不了的地步，不得不說這就是一個空想，一個

悲劇了。

　　王莽的一生，工於心計，步步為營。他從西元前22年步入仕途，到西元8年當上新朝的皇帝，共花了大約三十年的時間。

　　三十年的苦心經營，只用了短短的十五年的時間就付之一炬，不僅沒了忠臣良相的美名，反留下了奸臣賊子的名頭，甚至在最後，還落得個死無全屍的下場。

　　所謂機關算盡太聰明，反誤了卿卿性命。至於王莽這個人，是大奸大惡，還是大智大才，恐怕只能留給歷史去評說了。

第三章

其實我是個商人
——漢靈帝劉宏

東漢被稱為歷史上「風化最美、儒學最盛」的時代。
但歷史的車輪滾滾向前，
一代新朝換舊朝也是歷史的規律。
因此在東漢後期出現了亂世也是必然的，
亂世的罪魁禍首就是讓劉備常常會
歎息痛恨於桓靈的「桓靈」二帝
——漢桓帝和漢靈帝這兩位爺了。

漢靈帝
劉 宏

身分：東漢第十一位皇帝
生卒年：西元156年～西元189年
父母：劉萇、董氏
座右銘：只要能賺錢的買賣都是好買賣
上榜原因：荒淫無度、寵信宦官、愛財如命。

在前面，我們講到了「王莽篡漢」的故事。王莽由於自身的原因，皇帝沒當多長時間，就讓人給推翻了，落得個「偷雞不成蝕把米」的下場。其實當初起義的隊伍有好多支，比如「綠林」啦，「赤眉」啦等等……。其中有一支不管是裝備還是兵力都無法和這些大規模起義隊伍相比的起義軍，叫作「舂陵兵」，他們領頭的是兄弟二人，一個叫劉縯(一ㄢˇ另唸一ㄣˇ)，一個叫劉秀。

這支隊伍窮到什麼地步呢？領頭的劉秀打仗的時候因為買不起馬，所以是騎著牛上的戰場。你沒看錯，騎的就是平時用來耕地的牛。

這兄弟倆是西漢皇族的後裔，名聲雖然好聽，實際上也只不過是門面話而已。因為當時劉氏的子孫已經遍布全國，更何況這兄弟倆不過屬於劉氏「八竿子打不著」的那種旁支，所以日子過的一直很窮困。

但這個劉秀卻是個胸懷大志，且有大才的人。他經過深思熟慮，決定起兵反新，並且和「綠林」、「赤眉」等起義軍合併。

起義軍和新朝的四十萬大軍在昆陽城下連場激戰，由於兵力懸殊，劉秀他們抱著必死的決心，以一敵百，終於力破強敵，在歷史上留下了以少勝多的佳話。但是，劉秀的此番努力不過是為他人作嫁衣裳，西漢宗室的劉玄，在綠林軍的擁護下稱帝，史稱「更始帝」。

更始帝為了不讓那些和他一起打天下的兄弟功高蓋主，趁劉秀仍然在前線攻城掠地的時候，殺了劉秀的哥哥劉縯。

劉秀收到噩耗，雖然悲痛萬分，但也自知兵力仍然無法和更始帝相抗衡。因此他臥薪嘗膽，養精蓄銳，終於在更始三年（西元25年），於河北稱帝。

為了表示重振漢室的意思，他使用「漢」為國號，從此歷史步入了延續近二百年的東漢時期。而我們這個故事的主角，就是東漢歷史上第十一任皇帝，漢靈帝劉宏。

劉秀所建的東漢曾經被稱為歷史上「風化最美、儒學最盛」的時代。但歷史的車輪滾滾向前，一代新朝換舊朝也是歷史的規律。因此在東漢的後期出現了和前朝一樣的亂世也是必然的，而導致這一亂世出現的罪魁禍首就是「桓靈」二帝。

諸葛亮在《出師表》裡曾經提到，蜀漢的開國皇帝劉備常常會「歎息痛恨於桓靈」。這裡提到的就是漢桓帝和漢靈帝這兩位爺了。

如果說漢桓帝是「始作俑者」的話，漢靈帝劉宏就是在這個已經腐朽不堪的東漢政權上重重地打了一巴掌，加快了東漢的滅亡，並且引發了東漢末年張角的黃巾起義和軍閥混戰。所有這些，都是與漢靈帝脫不了關係的。

那麼，我們這位漢靈帝到底做了些什麼，以致造成這麼大的動盪呢？容筆者為各位看官慢慢道來。

撿了個皇帝當

　　東漢靈帝和我們之前講過的西漢哀帝一樣，都是僥倖登上這個皇位的。因為他並不是皇室正統的繼承人。

　　西元167年，東漢桓帝留下了一個爛攤子就撒手人寰了。他兩腿一蹬倒是拉倒了，但活著的人可就糟糕了。因為他沒有子嗣，找誰來給他「擦屁股」比較合適呢？他老婆竇太后和他岳父竇武兩人合計了一下，不能找歲數太大的人來，一來歲數太大了，肯定不會尊重竇太后；二來歲數大了，什麼事情都明白了，也不好操弄。思來想去的，他們決定將繼承人的年齡放在少年段。一旦決定了，他們就在劉氏家族的少年裡開始進行海選。選來選去，就挑中了年僅十二歲的劉宏。

　　劉宏的曾祖父是河間王劉開，父親是解瀆亭侯劉萇。這麼算下來，漢桓帝和劉宏的父親是堂兄弟，這劉宏也就是漢桓帝的姪子。如果按照血緣來說，算是和漢桓帝較近的小輩了。

　　皇帝已經選出來了，趕緊派人去接吧。於是光祿大夫帶著黃門、虎賁、羽林軍等一千多人，敲鑼打鼓、浩浩蕩蕩地

前往河間迎接小皇帝劉宏回都城正式即位。劉宏那時候才多大啊，也沒見過這陣勢，更不知道未來等待自己的是什麼樣的局面。只知道當了皇帝以後，就有很多好吃好喝的、好看好玩的在向自己招手。就這樣，他糊裡糊塗上了車，糊裡糊塗地當了皇上，糊裡糊塗地就由一個落魄的小地方的亭侯的兒子搖身一變成為了九五之尊。當然，這個時候的劉宏，是萬萬料不到自己以後的結局的。

西元168年，按陰曆算來，那天是正月二十一日。劉宏正式登基稱帝，改年號為「建寧」，從此開始了他短暫的帝王生涯，也走上了他的悲劇之路。

劉宏是從鄉下出來的，根本沒見過什麼大場面，加上這孩子才十二歲，也沒讀過幾年書，更別提讓他明白帝王之禮、封建制度、國家政務這些複雜繁瑣的東西了。因此，由誰做漢靈帝背後真正掌握實權的人，就成了當時朝廷內一場沒有硝煙的戰爭。戰爭的雙方一方是當初要擁立劉宏為皇帝的竇太后和她父親，另一方則是以曹節……等為首的常侍。

什麼是常侍呢？從字面上不難理解，就是常常侍奉在皇帝左右的人。秦朝和西漢時期，都是散騎常侍，到了東漢時期，就由宦官充當了。所以，這個常侍在當時其實就是宦官。宦官專權在歷史上最嚴重的有三個時期，其中之一就是東漢。這主要是因為歷代的東漢皇帝幾乎都是在年幼就繼承皇位，一開始皇權都掌握在太后及其親戚的手中，造成「外

戚專權」的局面。皇上長大後，想收回權力，必然要借助外力，在這種情況下，皇帝最親近的常侍就成了首選。因此，東漢基本上是在外戚專權和宦官專權交替的過程中一路走過來的。十二歲就繼位的劉宏，自然也避免不了這種局面。

劉宏繼位之後，由於年齡比較小，因此仍然由竇太后把持著朝政。竇太后把自己的一干親戚都封侯加爵，不管是文官還是武將，都是竇家的人官居要職，一時之間，竇家權傾朝野。這種現象引起了那些常侍的妒忌。他們一看，這哪行啊！你們一家子上到侯爺，下到侍中，好處都讓你們占盡了，我們這些人連點渣都分不到，這不是欺負人嗎？於是，一幫常侍聚在一起密謀，要把大權從竇家的手裡搶回來。

其實這個時候竇家也已經在謀劃要除掉這些宦官，因為他們的存在對於竇家來說，始終是一個大礙。只不過，還沒等他們動手，這個消息便傳到了宦官的耳朵裡。「先下手為強，後下手遭殃」這個道理就算是宦官也是明白的，因此，他們決定搶在竇家前面動手。

建寧元年九月初七，宦官發動了宮廷政變。他們騙漢靈帝說讓他拿著寶劍出去玩。漢靈帝一聽說玩，很高興，提著寶劍就走在了前面。在他們的設計之下，竇家軍節節敗退，最後不得不繳械投降。可憐竇太后的父親竇武，最後被逼得自殺身亡，竇太后也被迫遷入南宮。

竇家其他親屬被貶的貶，被殺的殺，這場歷史上有名的

第二次「黨錮之禍」最終以宦官集團的勝利而告終。但這場宮廷動亂也為後來的黃巾起義和董卓亂政埋下了深深的禍根。

這些常侍得勢之後，第一件事就是穩住劉宏這個小皇帝。這個時候的劉宏雖然什麼都不懂，但也不是個傻子。他能看得出輕重緩急來，也能看出這些常侍都不好惹。而這些個常侍更是沒把這個小孩子放在眼裡。他們心想，一個小孩嘛，只要細心安撫，慢慢地就會聽命於自己。於是，一邊是對一個小孩連哄帶騙；一邊是為了能過清閒日子將計就計地對這些人言聽計從。這樣下來，兩邊倒是相安無事，只不過為後來的亂世開了一個不好的頭。

這些常侍中最有名的有十個人，歷史上稱他們為「十常侍」。而在這十個人當中，又以張讓和趙忠最有名。由於他們把持了朝政，大事小情都由他們親自處理。漢靈帝劉宏也落得個清靜。因此，劉宏對他們也是心存畏懼，對外常常說：「張常侍是我父親，趙常侍是我母親。把朝中的事情交給我的『父母』，我是再放心不過了。」

既然把朝政都交給了自己的「父母」，劉宏也就沒有什麼後顧之憂了，只要那些宦官不對自己的玩樂生活多加干涉，也就沒有什麼事好擔心了。於是，他開始專心地做起了自己喜歡做的事情。

玩出了新花樣

　　劉宏最喜歡的事情中，玩女人是排在第一位的。歷朝歷代的皇帝中，沒有幾個是不愛美女的，因為美女而荒廢朝政的也不計其數。

　　但是這個劉宏，要算是其中的「翹楚」了。可以說他在「玩女人」的道路上，開闢出了一條蹊徑。

　　話說劉宏因為每天都無所事事，所以他常常帶著一票美女在花園裡遊玩賞花。有一天，他坐在亭子裡邊喝茶邊看著美人們在亭子外面互相嬉戲，她撲蝴蝶，她捉迷藏，看得劉宏很是高興。他特別注意到，這些美人穿裹著衣服仍然可見線條美好，身姿婀娜，突然間想到，如果她們光著身子和自己玩樂的話，肯定會更加美妙，到時候那番景象還不似到了天上仙境一般，想著想著，更是「心馳神往」。

　　於是，他想到了要建造一個「游泳館」，這樣就可以讓這些美人每天在池子裡遊玩，自己也就可以欣賞到她們的玲瓏曲線了。

　　在他的催促之下，游泳館很快就竣工了。這個「游泳館」恐怕是歷史上最宏大、最奢華的游泳館了。主館由一千

多間館舍組成，一間挨著一間，氣勢可以與宮殿相媲美。

館舍前的臺階都是用玉石雕刻而成，臺階上鋪著鮮嫩的苔蘚，光著腳踩在上面軟軟的、嫩嫩的，既不會劃破了腳又不會滑倒，可謂是考慮周到。

臺階的下面，就是挖成的泳池，各館舍之間的游池是透過溝渠聯結在一起的，池中注滿清澈見底的水，水在各溝渠之間緩緩流動。在這些溝渠中，還設有遊船，遊船裝飾得五彩斑斕，在陽光的映襯之下，顯得更加漂亮非凡。

一入盛夏，漢靈帝便會把這個地方作為自己的避暑勝地。被他挑選進「游泳館」裡的，都是14至18周歲的女子，個個肌膚勝雪，通透靚麗。漢靈帝要求，所有來陪王伴駕的美女一律不准穿衣服，想要進入游泳館必須得一絲不掛才行。就這樣，他就和一眾裸露著的女子在泳館中打鬧玩樂，過得逍遙自在。

很多時候，他會選出一些體形、線條都恰到好處的美女為他撐槳劃船。因為划船的時候要站起來撐槳，所以，這些女孩子的胴體就被他那色迷迷的眼睛一覽無餘了。玩到高興的時候，他就故意晃動船身，使這些美女紛紛跌入水中，而他則一個人端坐在船上看著什麼都沒穿的美女們在水裡打鬧、戲水。

為了顯示自己的與眾不同，他偶爾也會展露一下自己的文采。寫上一首像《招商歌》這樣的小曲小調，讓眾美女為

自己演唱。

　　有一次，西域的某小國給漢靈帝進獻了一批茵墀香，他聞了聞這些香料，果然芳香撲鼻。後來眼珠一轉，想到了一個好主意。好香配好女，這些香料如果可以在那些美女沐浴時加入水中，配上美女們嫩滑的肌膚，一定是妙不可言。

　　於是，他派人把這些香料熬成香湯，在美女洗澡的時候，就加到裡面。果然，出浴後的美女們個個香豔異常，漢靈帝一見更是歡喜，又和這些美女淫樂起來。

　　除此之外，他還讓人把美女們洗剩下的水倒入游泳館的溝渠中，這些漂著脂粉的水在溝渠之間浮動，香氣怡人，人們因此給溝渠取了個好聽的名字，叫「流香渠」。漢靈帝一邊和美女們洗著澡，一邊看著她們打鬧歡笑，什麼天下大事，江山社稷，統統都被他丟到腦後了。

　　洗完澡後，他就和美女們一起喝酒，喝得是昏天黑地，人事不省。任外面電閃雷鳴都無法把他吵醒，就連天亮沒亮，他都不知道。於是，他又想到了一個點子，那就是讓太監們學雞叫。在游泳館的北側，建造了一個叫「雞鳴堂」的地方。裡面不僅有太監，還養了很多雞。這樣，如果劉宏再因為喝多了，第二天沒辦法起床，這些太監就在「雞鳴堂」裡學雞叫，一時間真雞、假雞的叫聲混成一片，漢靈帝就不那麼容易睡過頭了。

　　除此之外，他還變著法子地給自己找樂子。他要人找來

四頭驢，要求這四頭驢一定要是白色的，而且不得有一根雜毛。找來之後，他把四頭驢都拴在一架大車之上，四頭驢在前面走，他則坐在車轅上親自駕驢車，在自己的御花園裡來回地溜搭。民間聽說皇上駕的是驢車而不是馬車，都爭著搶著地去買驢，不管是官員還是百姓，都以能駕一輛驢車為榮。因此，民間驢子的價格一路飆升，最後竟然漲到和馬一個價，不得不說是個奇觀。

不駕車遊玩的時候，他就牽著一隻狗在花園裡散步。漢靈帝的狗可不是一般的狗，牠是一隻有著官職的狗。只見他常常牽著一隻頭戴進賢冠，佩著綬帶的狗招搖過市，見到的人無不側目，認為這是對百官的污辱。

十常侍看到他這不思進取的模樣，更加方便他們把持住朝政，自然都十分高興，也就任著他的性子胡來而不去管他。沒人說沒人管的劉宏更加肆無忌憚，沒臉沒皮。他下令要求宮裡的女人，不管是宮女還是妃子，都要穿下面開著襠的褲子，這樣更方便他臨幸。於是，他所到之處，都飄著淫亂的味道，看到哪個女人長得漂亮，直接就拉到床上，簡直是厚顏無恥到了極點。

在這樣的日日玩樂、夜夜歡歌之中，漢靈帝劉宏禁不住感歎道：「這簡直就是神仙般的生活，希望我能夠一直持續著這種狀態。如果要給這種生活加上一個期限的話，我希望是一萬年。」

皇上 or 財迷

漢靈帝雖然荒淫，但他在歷史上之所以出名，卻並不是因為他的荒淫，而是另有原因的，那就是，漢靈帝劉宏是個財迷。

其實，在歷史上也有幾位皇帝是財迷，但是迷到漢靈帝這種程度的人，還就真沒有。他為了斂財所做的那些事情，絕對是前無古人，後無來者，曠古爍今。

每天這麼無所事事地玩也總有玩膩的一天。玩膩了怎麼辦啊？劉宏就躺在床上想。我總不能每天就這麼在後宮裡睡覺吧，這也太對不起我的聰明才智了，我要做些什麼來證明自己？別的皇帝如果下了這種決心以後，可能就改邪歸正，浪子回頭。但劉宏證明自己的途徑卻是和當皇帝截然相反的，他想做買賣。

事實上，劉宏也確實有一點經商頭腦，這和他的出身是不無關係的。我們之前講過，他原本出身鄉野，是一個沒落的皇族，他爸爸也就是一個鄉下的亭侯，擱到現在也就和村長差不多大。他如果不是走了狗屎運當上皇上，恐怕也就一直在鄉下悠然自得地當一個小商、小販或者小財主了。

　　但造化弄人，他雖然當了皇上，每天吃喝不愁，還能左擁右抱，軟玉溫香，但他內心也並不快樂。因為即使貴為皇上，骨子裡的這些東西是沒辦法改變的，因此，在很多時候，鄉下小地主的思想總是籠罩在他的腦海之中，揮之不去。他認為，不管有多少的錢財，只有在自己手裡的才真正是錢財。其他那些，什麼天下、什麼國富，都只是徒有虛名而已。於是，只要一有機會，他就不顧一切地為自己賺錢。為此可以說是不擇手段。

　　起初的時候，他還不是十分過分。當時的東漢雖然不及西漢那麼強大，但在番邦小國的眼裡，仍然是天朝上國。為了討好東漢，每年都有外邦給他進貢一些自己國家的珍稀物品，有珠寶、器皿、特產什麼的。按照國家的規矩，在把這些貢品呈上之前，要先遞上一份清單，清單上註明都進獻了哪些東西，以備以後清點。清點之後，這些東西就要封存到國庫裡面，成為國有資產。即使皇帝想從國庫裡取東西，也要按手續來辦，有的時候還要到相關部門去提交申請，相關部門同意了，皇上才能拿到想要的東西。

　　這本來就是老祖宗定下的規矩，後人是應該嚴格遵守的。可是這位漢靈帝看不慣祖宗帝制那麼多毛病，想怎麼樣就怎麼樣，因為如果自己的錢在用之前還要找自己的屬下打報告的話，這皇帝當得還有什麼意思？

　　因此，在還沒有將這些貢品收納入國庫之前，他就先在

這裡頭挑挑揀揀，抽取一部分據為己有，直接就讓人送到他的宮裡面，之後他再找地方藏起來。為了美化自己的這種行徑，他還給它取了個冠冕堂皇的名字，叫「導行費」。

大漢朝年年都有人前來上貢，因此他這個「導行費」也是時常都能得到。不久的時間下來，就已經賺了個盆滿缽滿，存夠了自己人生的第一桶金。

他的所作所為就像是一個「吝嗇鬼」，小心眼到了極點。連他身邊的常侍呂強都看不下去了。長這麼大從來也沒聽說過這麼「摳」的皇帝啊，這哪有一點九五之尊的威嚴，這和那些鄉下來的小子有什麼區別？於是，呂強寫了個奏摺，呈給皇上。

奏摺的內容用白話說來，就是呂強委婉地規勸漢靈帝：身為皇帝應該以天下為重，百姓為先。作為一個皇帝怎麼能和那些市井之徒一般，為了幾個散碎小錢，就弄得朝廷上下雞犬不寧呢？

但是漢靈帝哪管得了那麼多，這個奏摺他粗略地看了幾眼，大致心裡有了數，想：「哦，你這是怪我收『導行費』了。我一個皇上難道連這點自由都沒有？對你們這些宦官專權我都不說什麼了，我就只想拿點自己國庫裡的東西，你還在這跟我指手畫腳的，像話嗎？像話嗎？像話嗎？」當然，這種念頭也就是在漢靈帝自己的腦子裡轉了轉，他可是沒那個膽子說出來的，不然得罪了自己的「爹媽」，事情可就沒

那麼簡單了。

但漢靈帝始終嚥不下這口氣，更何況這關係到自己的「錢途」啊！這件事如果順著呂強的說法，自己的這點好處恐怕就撈不到了。但如果繼續的話，恐怕又會得罪常侍們。

到底該如何是好，一時之間，漢靈帝也沒了辦法。日思夜想後，他還是決定找他的「爹爹」張讓商量一下。

他跟張讓說：「好爹爹，我這個人平生也沒什麼太大的愛好，皇權我不愛，兵權我也不愛，我就愛點小錢。我們大漢帝國在您的佐政下，可以說是兵強馬壯，國富民強。萬國皆來朝拜，送的那些東西簡直是取之不盡，用之不竭，也不是說國家差我這麼幾個錢，我不過是從裡面拿了一點點，呂強就在那裡說我。您說我是不是應該樹立點皇上的威嚴呢？」

張讓一聽，這漢靈帝也不是個笨蛋啊。這番話說得可以說是滴水不漏，既給足了自己面子，又用話點自己，而且話裡還暗含著威脅。

意思是，他不管宦官專政，只要宦官讓他過得去，他自然也不想去追究什麼。但如果宦官連他一點小小的愛好都不能滿足的話，他也有可能採取措施，收回權力。

其實，劉宏這番脅在當時的張讓眼裡不算什麼大事。此時的常侍所擁有的地位和權力並沒有那麼容易被撼動，但轉念一想，對方怎麼說也是個皇上，自己好歹也應該給他點面

子。不管怎麼樣，這次就站在皇上這一邊吧。

於是，劉宏的「爹爹」張讓選擇了順著皇上，還把呂強大罵了一頓。説他「狗拿耗子多管閒事」，告訴他説漢靈帝越昏庸，就越對他們有利，他們的權力也就會越來越牢固。呂強看到漢靈帝那沒皮沒臉的樣子，再想一想自己所處的地位，便放棄了規勸。

從此之後，漢靈帝劉宏算是得了倚仗，繼續我行我素地收著他的「導行費」，心裡樂得都開了花。

由於「導行費」的數目十分可觀，劉巨集很快就有了一筆數目不小的錢財。他怕放在宮裡面不安全，就在他常常玩樂的西園，也就是游泳館的邊上，又設了一個「小金庫」，把自己賺的錢，還有自己喜歡的奇珍異寶都放進裡面存了起來。

就這樣，劉宏算了算自己這些年的收入，覺得自己已經有足夠的資本來做自己想做的事情了。

現在的劉宏完全可以用「財大氣粗」來形容了。手裡的錢是有了，但總這麼放著，只能看看而已，白白浪費了這些錢。是該拿來做點什麼，就像「蛋生雞，雞生蛋」這樣，周而復始，讓錢可以生錢，這樣自己的錢才能越賺越多，心裡才能越來越踏實。

我們不得不承認劉宏的頭腦很機靈，他善於把握商機，能夠看準市場。為了給自己賺錢，也藉機會活絡宮裡的經

濟，於是決定在他的皇宮建造一條「商店街」。

說是商店街，卻和我們現在的「商店街」是有所區別的。但設置和攤位在當時已經很完善了，賣首飾的，賣衣服的，賣這個賣那個的，甚至連外面的酒舍和妓院都模仿得有模有樣，完全可以和外面的那些繁華街市相媲美。

設施問題解決了，可是最重要的環節，客源和人力問題要怎麼解決呢？這當然難不倒漢靈帝。宮裡別的沒有，要說人，那可是多的是。

於是，太監、宮女、妃嬪紛紛充當不同的角色，有的負責叫賣，有的負責扮演客人去買東西。為了豐富市場，使商店街顯得熱鬧非凡，還有些人專門扮演賣藝的，街頭唱小曲賺錢的，敲鑼打鼓耍猴的……各行各業，無所不包。

這麼熱鬧的事裡面，怎麼可能沒有漢靈帝參一腳呢。他不只參一腳，還參得比誰都盡興，一會兒穿著商人的衣服在店鋪前面招攬客人；一會兒穿著小販的衣服挑著擔子沿街叫賣，到哪裡幾乎都能看見他的身影。

他還扮成吃東西、喝酒的食客，到酒舍裡飲酒作樂。最為搞笑的是，光喝酒還不行，那些扮成店主、客人、小二的「臨時演員」還要陪他一起把戲演足了，偶爾還要相互罵街、打架、鬥毆。把這一群人放到現在，絕對都是一極棒的「好演員」。

但這裡怎麼說也是皇宮，東西的珍稀和貴重程度自然是

外面無法相比的。誰看到那麼多稀有的奇珍異寶能不心動，不眼紅呢？因此，商店街開的時間長了，自然就會發生不好的事情。

這些參加「演出」的太監、宮女、妃嬪開始偷偷地藏一些珠寶首飾、古玩字畫；在賺來的錢裡，還會悄悄地拿出來一些自己留下。

甚至有些人因為別人拿得比他多，而心生不滿，進而開始明爭暗鬥，有的時候也會發生為了爭奪一件東西而幾個人大打出手的局面……簡直是荒唐到不能再荒唐了。

只不過這些事情，漢靈帝好像都不知道。但或許也是他明明知道卻假裝不知道。有些人可能對後一種假設持懷疑態度，但如果你處於他的地位，再仔細地想一想他平時的所作所為，就會發現他的這種心理是很好理解的。

第一，有這麼多人陪自己一起玩「大富翁」類的遊戲，怎麼也得給人家點甜頭嘗嘗吧。

第二，看這些人為了些蠅頭小利打得頭破血流，也像是在看演戲一樣，自己看得不亦樂乎。

第三，也是最重要的一點。雖然漢靈帝劉宏愛財，但他的錢來得容易。他存起來的那些錢、那些珍貴物品大多是各國進貢而來的，有一部分還是搜刮老百姓而來的。

有句話說得好「刀沒割在自己的肉上，自己不知道痛」。雖然這些錢和東西是漢靈帝存下來的，但卻並不是他

付出勞動所得來的。他只要坐在金鑾寶殿上，厚著臉皮動一動嘴，就有大把大把的銀子進到自己的帳裡來，不管他做什麼樣的買賣，又如何蝕本賠錢，最後為他買單的都是平民百姓。

這種明擺著只賺不賠的生意，誰會去在乎那麼幾個小錢呢？如果為了這些小事，讓自己的商店街開不下去了，豈不是得不償失？

因此，這些事在漢靈帝看來，也真的就只是小事了。

這可要了命了

從故事的開始，我們就一直在強調漢靈帝的出身是小地方的土財主。

那麼，如果他不當皇帝的話，應該也就是給自己買幾塊地，當一個標準的地主罷了。因此，即使他當了皇上，也還是沒忘了本。他覺得，土地是世界上最好的財富。

這種心理和現在很多有錢人是一樣的。有了錢以後就要買房子置地，再進一步，還可以透過做地產商人來賺取更多的錢。

漢靈帝也不能免俗。他心裡想著，如果有一天自己做不成皇上了，至少還有三五田宅供自己生活，自己怎樣也不會淪落街頭，坐等餓死。

因此，他把自己手裡的錢，一部分用來開設商店街，一部分偷偷地找人帶回自己的河間老家。交代他們要拿這些錢買田地，蓋宅院，買得越多越好。田多了可以租給當地的農民耕種，收取他們租子。宅院如果有人給好價錢的話，可以賣出去，賣不出去也可以租給別人住，再收他們的租子。這樣下來，幾年過去，也是一筆不小的收入，他漢靈帝就是富

甲一方的大財主了。

漢靈帝又開商店街，又買田置地，本來應該是一筆不小的開銷。但他的錢卻越來越多，最主要的原因是，他的賺錢管道相當的多，堤內損失堤外補，所以就算是他折騰成這個樣子，也還是有很多富餘錢的。不過這些錢放在自己的宮裡不安全，放在西園的「小金庫」裡也不安全。他覺得最安全的方法就是把自己的錢分成幾部分，放在自己最寵信的宦官家裡。這家放一點，那家放一點。錢越搜刮越多，越賺越多，到最後，幾乎每個宦官家裡都存著漢靈帝千八百萬的。

即使是這樣，漢靈帝也覺得不滿足。那點「導行費」在他眼裡已經遠遠滿足不了自己的投資，要再多想點能賺錢的法子。他把宦官都召集在一起，為他出謀劃策。「三個臭皮匠，勝過一個諸葛亮」，這些人聚在一起，你一言，我一語，倒是真想出了很多「好」辦法。

當然這些辦法對於漢靈帝來說肯定是妙招，但對於老百姓來說就是損招了。為什麼呢？因為這些辦法歸根結底都是損害老百姓利益的。比如張讓和趙忠的計畫就是在田賦上打主意。

我們都知道，在古代，田地是人們賴以生存的基礎，農業可以說是經濟的支柱。因此，田賦也是當時國家財政收入最大的來源，幾乎可以占一半以上。而田賦對於老百姓來說，如果過重的話，就是一個沉重的負擔。

但劉宏怎麼會考慮這些，他考慮的只是自己口袋裡的銀子有沒有增加，哪會管老百姓的死活！他聽從了自己「爹媽」的話，向天下告知：「我覺得宮裡住的地方、玩的地方有些擠，應該擴大了。而且還要鑄些銅人，因此，從今天開始，要加收田賦。但考慮到你們這些人也都不容易，我就不收那麼多了，每畝就只多收十錢。」

他說得好像很輕鬆，十錢聽起來也的確不是很多，但只要做一個簡單的計算就會發現，根本沒有那麼簡單。算算全國有多少畝的土地，一畝地多收十錢，千萬畝地就多收上億錢，一年下來，多收入多少？這漢靈帝劉宏坐在殿上數錢恐怕都要數到手軟了，真是做夢都會笑醒的。當然，事實上劉宏並沒有想擴建什麼皇宮，他只是想找個藉口斂財而已。為了擴建宮殿，加收田賦不過是他說的第一個謊言。

緊接著，第二個謊言就隨之而來。既然是擴建宮殿，那就得有材料吧。特別是木料，這是建築中最需要的東西。

劉宏就對各地方官員說：「我建宮殿建到十分之一，就發現木材已經不夠了。你們不能看著我的宮殿建一半就扔在那吧。所以，你們得給我找上等的木頭來，有多少要多少，我不嫌多。」

地方官可為難了，要木頭倒還好說，還要上等的木頭……哪來那麼多上等的木頭啊。但皇上既然下令了，如果不照辦，別說烏紗帽不保，嚴重了恐怕連腦袋都沒了。於

是，一場全國性的伐木運動就此掀起。

各地官員都記著皇上要求上繳木頭的時間，按時按量地把一批批木頭運到京城，送到宮裡面。這些官員本來已經鬆了一口氣，心想，這回總不會有什麼問題了吧。哪知負責驗收木頭的那些宦官眼光又毒又狠，看一根木頭，一根不合格。運到宮裡的木頭沒有多少是能入得了他們法眼的。地方官一下子就傻了眼，這可怎麼辦啊？這不是要了他們的老命了嗎？一下子這些地方官都沒了辦法，想反駁兩句，又怕得罪了宦官。這個時候，漢靈帝出來說話了。他跟地方官說，這些木頭本來都是不合格的。按律來說，這些送木頭唬弄皇上的官員都應該治個欺君罔上的罪。但他漢靈帝寬厚仁慈，念在這些官員沒功勞也有苦勞的分上，就不和他們計較了。這些木頭既然已經送來，也不必拿回去了。就按市價的十分之一賣給宮裡，他也只能勉為其難地收下了。

地方官一看，也沒有別的辦法，皇上說什麼就什麼吧。於是，漢靈帝劉宏就以低於市價九成的價格收購了這批木頭。然後又轉手按市價賣回給各地。這一次投機，可是讓他大賺特賺。

這種損招都讓他想出來了，這就是赤裸裸的詐騙啊。那些地方官雖然遭受了損失，但也想方設法地轉嫁給了老百姓，最後還是老百姓吃的虧是最大的。

靠著連蒙帶唬，連哄帶騙，漢靈帝的買賣越做越大。錢

雖然是越賺越多，但漢靈帝卻顯得不是那麼高興，因為他覺得錢賺得太慢了。這年頭，誰還會嫌錢咬手呢？因此自己還應該多想出幾個賺錢的好點子。只有這樣，才可以迅速地為自己累積財富。

於是，在「孜孜不倦」的探索下，他終於走出了一條產業化、多元化、特色化的道路，而且空前絕後，史無前例，無德無恥──他想出了「賣官」這麼一個點子。

這招都能想出來

要說這點子也不是他想到的。能想出這麼「聰明絕頂」的點子，還得歸功於他的親生母親——董太后。

我們常說：「龍生龍，鳳生鳳，老鼠的孩子會打洞。」看到漢靈帝劉宏的樣子，就一點也不難想像生他、養他的母親會是什麼樣子了。

董太后不是大家閨秀，家裡也就是個富農的級別。從小就小農思想作祟，總喜歡占個便宜什麼的。她視錢財如命的程度和她那寶貝兒子比起來，可以說是有過之而無不及。沾了自己兒子的光，搖身一變，飛上枝頭變鳳凰，她本來應該心滿意足，安守自己的本分，當好她的皇太后；但心裡的貪念實在是太強了，欲望戰勝了理智，她看見自己兒子賺了不少的錢，自己心裡也跟著癢了起來。

說來也巧，漢靈帝就在這個時候向她求教，希望她「能在自己漆黑的道路上點一盞明燈」。

她想了很長的時間，想起自己小時候聽過有買官賣官的說法，但這種事情是違法的，如果被皇上知道了，就算有幾條命也不夠丟的。

　　但是假設賣官的人是皇上的話，這事是不是就合法了呢？畢竟一國之君，自己手底下的官位，想怎麼賣就怎麼賣，想讓誰當就讓誰當。她越想越覺得這絕對是一支巨大的潛力股，如果能夠加以利用，收穫肯定是很豐厚的。

　　漢靈帝從母親那裡得到了這麼個生財的好路子，立馬笑顏逐開。兩個人研究了一下，制定了一個可行性方案。

　　打鐵要趁熱，機不可失，時不再來，他馬上就下詔，在上林苑設置了一個買賣官位的機構，叫「西邸」，在那裡公開賣官。

　　要說這買官賣官，漢靈帝和董太后並不是第一人。東漢時期的很有名的女政治家鄧綏鄧太后也曾經做過同樣的事情。但那種賣官並不是常態的，只是偶爾在國家急著用錢的時候才出此下策，並不是把它作為替自己斂財的手段。

　　不過漢靈帝不一樣，這項買官賣官的買賣在他眼裡就是天下無雙的好買賣，他已經決心把這個買賣做成產業化，要就不做，要做就要做成一個大買賣。

　　在他的「規範經營」下，每種官職都有自己的價格。來買官的人按照官位的等級付錢，比如：郡長二百萬錢，中下級官員四百萬錢，三公定價千萬錢。依正規文官任用條例升遷的官員，只錄用一半或三分之一，剩下的全部出賣。

　　有錢人買官，可按所定價格一次付清；沒錢的可先行賒欠，等到任弄到錢後照原定價兩倍償還。當然，因為任職地

方大小不等，貧富不均，在價格上還是有所區別的，例如買一個比較富裕的縣的縣官，就要比買一個比較貧窮的縣的縣官貴一些。

除此之外，如果想升職加薪，也得交錢。地方官自己帶著錢到西邸，對照著價目表，升多大官，交多少錢。不想交錢？想辭職回家？想得美！皇帝是不會允許的。到嘴的肥肉還能讓它跑了不成？

有一個叫司馬直的，素來以「清貧」聞名，是一介清官。他升職到巨鹿去當太守。漢靈帝劉宏也知道他的實際情況，但劉宏認為：我是做買賣的，又不是慈善家。因此，他允許司馬直只交三百萬就可以去當他的太守了。

司馬直氣不過，堅決要求辭職回家。

這麼種皇帝，誰還樂意伺候啊。但漢靈帝可不同意。想跑？往哪裡跑？我的屬下我做主，他直接拒絕了司馬直的辭官請求。司馬直悲憤難當，最終服毒自盡。

劉宏的這個大買賣，從西元178年一直到西元184年，生意是越做越好，價格也是水漲船高。

但我們都知道，市場價格是隨著市場的供求關係變化的。地方官有的時候反倒比京城大官更好賣一些。為什麼？因為地方官天高皇帝遠，作為當地的土皇帝，在對百姓的壓榨剝削上比京城大官更方便。有搶手的官位，還會以拍賣的形式出賣，大家可以踴躍參加競標，價高者得，付了錢之

後，就可以走馬上任了。

　　這下子，最苦的就是下層的老百姓了。他們可拿不出買官的錢，「人為刀俎，我為魚肉」，只能繼續生活在底層，受當官的盤剝。這些當官的為了買官，花了不少的銀子，上任之後第一件事自然就是把拿出去的錢再賺回來，因此，必然要加大對百姓的剝削力度。

　　在漢靈帝一系列賺錢流水線的影響下，本就已經搖搖欲墜的東漢政權變得更加黑暗無比，他的荒唐行徑把國家禍害得不成樣子。後來又發生了天災，老百姓更是無路可走。在被壓榨一空之後，百姓終於走上了反抗壓迫的道路，從西元168年到西元184年，各地的起義接連不斷。

　　漢靈帝中平元年，也就是西元184年，在巨鹿，張角三兄弟以「蒼天已死，黃天當立，歲在甲子，天下大吉」為名，起兵反漢，史稱「黃巾起義」。這些起義聲勢之浩大，波及地方之廣，在歷史上都是出了名的。

　　雖然最終被鎮壓，卻在實質上對東漢王朝造成了嚴重的打擊，從此之後，歷經董卓的亂政，各地軍閥的割據、征戰，曹操的挾天子以令諸侯，東漢的皇權已經名存實亡，最終在西元220年，在三國鼎立初顯端倪之時滅亡。

　　而造成這種局面的罪魁禍首漢靈帝劉宏，卻沒能受到這種風雨飄搖的折磨。在折騰了三十四個年頭之後，他兩眼一閉，去見了閻王爺，真算是便宜了他。

　　在他之前的漢哀帝劉欣和新帝王莽，除去那些荒誕的行為不說，總還是有那麼幾項有用的政策。

　　但漢靈帝除了在做買賣上有所長之外，其他完全是一無是處，他的一生沒有為國家做出哪怕是一丁點的貢獻，所有的精力全致力於為自己斂財攬富，從來沒有盡過一天作為皇上的責任。

　　雖然在他之前，東漢政權就已經岌岌可危，但他的所作所為，卻只是為這種局面火上加油、雪上加霜的作用。因為這樣，我們即使想為他辯解，也找不到任何的著眼點。

　　他的一生是做生意的一生，是淫亂的一生。當初被選中當皇帝，是他的幸運，卻是國家的不幸，也是百姓的不幸。

第四章

其實我是個和尚
———梁武帝蕭衍

其實，蕭衍在歷史上是一個名聲還不錯的皇帝。
在他當皇帝的這些年中有著十分顯著的政績，
他博學多才，勤於政務，生活節儉，而且，
他還有著高超的棋藝，創作了很多的經史著作、詩文。
但是人無完人，在蕭衍當皇帝的後期，
他沉迷佛學，幾次「捨身」入寺，導致朝政荒廢，
民怨沸騰，最後落了個慘死的下場。

梁武帝
蕭衍

身分：南朝梁開國皇帝
生卒年：西元464年～西元549年
父母：蕭順之、張尚柔
座右銘：世人都說皇上好，其實還是和尚妙
上榜原因：放著皇上不當跑去當和尚，
　　　　　淨給國家添麻煩。

在經歷了東漢末世、三國鼎立之後，中國進入了歷史上政權更替最為頻繁的時期，就是魏晉南北朝時期。這一時期中國長期處於封建割據和連綿不斷的戰爭狀態，為百姓造成了很大的苦痛和災難。我們這個故事的主角，就是這一時期南朝梁的開國皇帝蕭衍。

梁是南朝之一，前後共經歷了五十六年，相比其他朝代，可以說是一個短命的政權。而且就在這個壽祚不長的政權裡，其開國皇帝蕭衍的在位時間就占去了一大半，有四十八年。

其實，蕭衍在歷史上是一個名聲還不錯的皇帝。他少年英才，被人禪讓當了皇帝。在他當皇帝的這些年中有著十分顯著的政績，他博學多才，勤於政務，生活節儉，在政治方面幾乎沒犯過什麼大的錯誤，不失為一個好皇帝。而且，他還有著高超的棋藝，創作了很多的經史著作，存世很多詩文。

但是人無完人，就算是這樣一個優秀的人物也有糊塗的時候。在蕭衍當皇帝的後期，他沉迷佛學，自己幾次「捨身」入寺去當和尚，以致朝政荒廢，民怨沸騰，最後落得個慘死的下場。

出生就與眾不同

蕭衍的父親蕭順之是南齊的一個官員，如果從血緣關係上來說，他和南齊的建立者齊高帝蕭道成還有著千絲萬縷的聯繫。

西元464年這一天，天現異象，萬里無雲，紅光普照在秣陵（今南京）的大地之上，整個秣陵城只有蕭府的上空，籠罩著一片祥雲。

在前一天晚上，已經懷胎十月的蕭順之的妻子張尚柔做了一個夢，夢見自己的懷裡抱著一個太陽。做夢後的第二天，她就感覺到肚子一陣痛，知道自己馬上就要生了。

蕭府上下亂成一團，一陣忙碌過後，一聲啼哭劃破天際，響徹雲霄，一個男孩誕生在蕭府。父母為他取了個乳名，叫練兒。他就是蕭家的第三個兒子──蕭衍。

其實，他剛出生的時候，誰也沒拿他當回事。因為畢竟他的父親只是一個普通的官員，而且家裡已經連生兩個兒子了，所以當第三個兒子出生時，實在是沒有什麼出奇的。

但是，這個出奇的地方就在於，這個孩子後來當了皇帝。因此，他的出生在後來被賦予了很多迷信的色彩，什麼

夢兆啊！天啟的。最扯的說法是，蕭衍這孩子剛出生的時候，長得就和人不一樣……您看好了，是和人不一樣，不是說和普通人不一樣，也就是說，他出生時就像個外星人。

據說他生下來的時候很嚇人：「生而有奇異，兩胯駢骨，頂上隆起，有文在右手，日『武』。」身上還會發光發亮，特別是在晚上，那亮光，不用點燈整個屋子裡都能照亮了……這不是外星生物是什麼？

所以說，以往皇帝的那些所謂的「天子預兆」根本就不足為信。只不過是他們自己或者是那些喜歡溜鬚拍馬的人為了給皇上的出生「鑲金邊」才杜撰出來的唬弄老百姓的說法，但這種炒作的方法，在當時卻十分好用，屢試不爽。老百姓就真以為皇上是上天選來管理自己的，是神聖不可侵犯的。

除了愛給自己找天上的祥兆之外，他們還喜歡找一些有名的祖宗給自己的身分正名，以示自己當皇上是名正言順的，是順應大家的意願的。比如劉備就總說自己是漢朝劉氏的後人，還走到哪裡都告訴別人自己是皇上的叔叔，以至於後來真的在眾漢朝追隨者的追捧之下當了蜀漢的皇帝。

這個蕭衍也想效仿古人，走個捷徑。但往上翻了祖宗十八代，竟然發現沒有一個是當過皇上的。這可愁壞了蕭衍和他的「粉絲」，這個家譜可怎麼往下編呢？怎麼樣才能讓自己這個皇帝當得實至名歸呢？終於，他們發現了一個人，

那就是蕭何，西漢的建立者劉邦身邊的第一功臣，丞相蕭何。

所以，我們現在看到一提起蕭衍，除了說他是南朝梁的皇帝之外，還說他是蕭何的後人。但事實上他是不是蕭何後人，人們現在已經無從考證了。而且，我們在這裡並不是要查他的戶口，追溯他的出身。我們要說的，只是蕭衍這個皇帝的生平，其他的都只是閒扯的故事而已。

之前，我們已經說到他的老爸和老媽幫他取了一個叫練兒的乳名。在南北朝的時候，幫滿百天的孩子起乳名可謂是風靡一時。在南朝一百七十年的歷史中，先後就有二十多個皇帝在正史上留下了小名，大約占當時在位皇帝的三分之一，這種現象在歷代是絕無僅有的。

皇帝尚且如此，何況一個官員的兒子呢？所以，蕭順之也不能免俗地先給兒子取了個乳名用著。直到孩子長到了六、七歲，算算年齡，在我們這個時候，也就該上小學了。而在古代，差不多也是這個時候把自己的孩子送去念私塾，有錢人家則會請個先生在家裡教書。但不管怎麼說，都得有個正式的名字了。於是，蕭順之又給自己的三兒子取了個大名，叫蕭衍，字叔達。

蕭衍小的時候就很聰明，是個愛學習的好孩子。史書上記載，他「少時習周孔，弱冠窮六經」，可以說是天資聰慧，博學多才。特別是在文學方面，造詣可是相當高。

在南齊武帝時期，詩壇上就出現了一批後起之秀，其中最著名的有八個人，人稱「竟陵八友」，這裡面除了蕭衍赫然在列之外，還有蕭衍的好友，寫了《宋書》、《齊紀》的沈約，著名的詩人謝朓等。當然，在這八個人當中，稱得上有膽有識的，非蕭衍莫屬。

讀了幾年書之後，蕭衍也長大，該是步入仕途的時候了。在創立科舉制度之前，想要當官並不是那麼容易：或者蒙祖上的庇蔭，做個世襲的官；或者是受到做官的人賞識，獲得推薦。除此之外，想當官比登天還要難。

在之前我們也説了，蕭衍的祖宗是漢朝的名相蕭何，而且他家和南齊的皇帝還有宗室關係，可以説在背景上，蕭衍是一點問題都沒有。用現今的話來説，他的「政治審查」一下子就過了關。所以，蕭衍很容易就進了官員的行列，並且在當時的衛將軍王儉手下當差。王儉在當時可説是坐擁重權，在朝廷上下都很有威望。因此，跟著他就會有比其他人有更多升官發財、平步青雲的機會。算下來，蕭衍算是沾了自己顯赫背景的光了。

王儉本身是一個讀書之人，創作了很多有名的著作，是當時文壇的領軍人物。因此，王儉見到蕭衍之後，也對他的才華青睞有加，而且看他知書達理，一表人才，心裡很是喜歡，沒過多久就讓他做了戶曹屬官。

蕭衍也確實沒有辜負他的期望，在自己的職位上任勞任

怨，兢兢業業，辦事果斷從容，毫不拖泥帶水。蕭衍在人際關係上處理得也是如魚得水，不管是上司還是同事，都能相處融洽，與大家打成一片。

這樣，在很短的時間裡，他又得到了提升，成為了戶曹參軍，終於成為了一個正式的戶籍員，這不得不說是一件可喜可賀的事情。但是，「天有不測風雲，人有旦夕禍福」，就在他春風得意的時候，他收到了他父親去世的消息。

在古代，親人去世之後的禮節是十分講究的。「子生三年，然後免於父母之懷。」孔子的這句話是說父母對子女不只有生育之恩，血緣之情，更多的是養育之恩，哺育之情。孩子三歲之前，幾乎都是在父母的懷裡，被父母把屎把尿地拉扯大的，因此，父母去世之後，為人子女，應該守孝三年，在這三年裡，要閉門不出，連鬍子和頭髮都不能剪，以示對父母的報恩。

蕭衍這個當官的更是要身先士卒地做到「禮律合一」。所以，三年時間裡，蕭衍簡直就是大門不出，二門不邁。本來以為已經脫離官場了，想要復官沒那麼容易。但在三年之後，蕭衍不只官復原職，還很快就升任了黃門侍郎。所以說，人生如果能夠把握住機遇的話，必然會有所改變。

皇帝不是你想當，
就能當

西元493年，齊武帝病危，新任皇帝只知道吃喝玩樂，根本就不理朝政，任大臣把嘴皮子說破了勸他都沒有用。

當時掌權的大臣蕭鸞想藉機會推翻他的統治，另立皇帝。在這件事上，蕭衍為他分析情況、策劃布局，最後，蕭鸞廢了在任的皇帝，自己坐上了龍椅。而這裡面，功勞最大的人就是蕭衍。所以蕭衍才能在很短的時間之內就升為黃門侍郎。

這之後，蕭衍的地位可就不一般了。而且接下來的幾年裡，他在軍事、政治等方面都展現出過人的一面，特別還曾經勇退北魏，戰功彪炳，功勳顯赫，為日後的奪權打下了良好的基礎。

蕭鸞當了不到五年皇帝就生了病，沒多久就去世了。接任他的皇帝是東昏侯蕭寶卷。這個主兒在歷史上也是個赫赫有名的昏君，不但治國無術，而且殘忍無道。他在位的時候殺掉了很多忠心耿耿的大臣，使得自己眾叛親離。很多大臣都紛紛請求蕭衍，希望他能想想辦法，解決南齊目前的困境。

　　蕭衍對蕭寶卷早就看不過去了，而且自己的哥哥蕭懿也是被蕭寶卷所殺，家仇國恨不共戴天，因此他挺身而出反抗蕭寶卷。他聯合了南康王蕭寶融一起舉兵，最終打敗了蕭寶卷，推舉蕭寶融當了皇上，也就是齊和帝。

　　蕭衍再一次因為擁立皇帝有功，升了官。只是這次，蕭衍有些不滿足於現狀了。他想把齊和帝廢掉，自己來當皇上。但是如果這樣篡位，恐怕是名不正、言不順，那些大臣也未必就對自己心服口服，因此他想暗待時機，一旦時機成熟，自己就會一鳴驚人。

　　「炒作」就在這個時候起了作用。一些人開始編造蕭衍出生時候的異象，好讓老百姓相信蕭衍當皇帝是上天註定的。還有人編了些歌謠：「行中水，為天子……」在孩童之間廣泛傳唱，所有的這些，都是為了給蕭衍的登基造勢。

　　但什麼時候當皇帝，怎樣讓自己名正言順地當皇帝，蕭衍還沒有想好。就在這個時候，他的好朋友沈約也勸他，要他當皇帝。第一次，他靠著裝糊塗推了過去。可沈約不放棄，還接著勸，他終於答應了。沈約便幫他想辦法，寫信給齊和帝的一個領軍夏侯祥，讓他逼迫和帝把帝位禪讓給蕭衍。齊和帝的心理防線一點一點地被衝垮，最後終於挺不住了，答應禪讓，並寫了詔書送去給蕭衍。

　　蕭衍還想把戲演到底，當時並沒有一口應承下來，反倒是假意推辭。

這個時候，群眾演員們登場了，一個叫作範雲的人帶著滿朝文武，再次上書，稱自己願意追隨蕭衍，希望他能早日成就大統。一幫人還拿出那些歌謠啊、天象啊作為證據，說他當皇帝是順應天意，不可逆天而為。就這樣三番四請，推推讓讓後，蕭衍這才讓這齣戲謝幕，「勉強」接受了眾人的請求。

西元502年農曆四月，蕭衍正式當上了皇帝。他為了感謝上天選中他來當這個皇帝，特別設壇祭天，而且登上了神壇，接受文武朝拜。從此改國號為梁，而他，就是歷史上的梁武帝。

這之後，蕭衍並沒有放過前齊和帝，因為他怕「斬草不除根，後患無窮」，一旦蕭寶融反悔了，自己可擔不了這個後果。所以剛當上皇帝沒幾天，就派人送給和帝很多的生金，暗示他要為自己而死。和帝沒有辦法，眼看自己已經無力回天，與其忍辱偷生，不如一死了之，於是，吞金自盡。

蕭衍心滿意足，對外宣布和帝身染重疾，不幸身亡。為了顯示自己的寬容和大氣，蕭衍追認他為「和帝」，還按照帝王的級別給和帝舉辦了盛大的葬禮。

其實我這個皇帝還不錯

蕭衍終於當上了皇帝。登基以後，他常常想到以前的齊。他知道齊之所以會亡，就是因為齊後期的那些皇帝，沒有一個可靠。

他們根本沒有當皇帝的自覺性，只知道吃喝玩樂，想幹什麼就幹什麼，壓根兒就沒把天下百姓放在眼裡。所以，他一登基就告訴自己，一定要勤於朝政。

所謂「一分耕耘，一分收穫」，不管是春夏秋冬，還是颳風下雨，他都要求自己必須在五更天起床。五更天就是現在的凌晨3點到5點，正是人睡得最熟的時候，蕭衍卻為了批閱奏摺，準備當天上朝所用的東西而早早離開了暖和的被窩。作為一個皇帝，他也算是不容易了。

為了能夠廣招賢才、開張聖聽，他還讓人在自己的門前設置了兩個盒子，一個叫「謗木函」，一個叫「肺石函」。如果有官員或者是有才能的人，因為別人的排擠或者誹謗、誣陷而沒能得到論功行賞和重用，就可以把自己無處訴的一肚子委屈都寫在信裡，投到「肺石函」裡。

而如果是普通百姓，對國家大事有自己的見解和提議，

或者是對皇帝、大臣的哪些事情看不下去，也可以用信件的形式投放到「謗木函」裡，讓皇上知道自己的想法。

這招很受文武百官和老百姓的喜歡。而兩個箱子裡收到的信件是多如牛毛。蕭衍也不嫌麻煩，常常是自己一封一封地拆開看裡面的內容。

如果所言屬實，他會想辦法對信的主人解決問題。可以說，他的做法在當時是很得民心的。

除此之外，蕭衍這個人還勤儉節約，不像以往的那些皇帝，在吃穿用度上都十分講究。他吃飯也就和普通人差不多。很多時候都是粗茶淡飯，忙起來了就喝一碗粥充饑，有的時候連粥都忘記喝。

在穿衣上，他也不讓宮裡給他做錦袍緞帶的龍袍，而以布衣代替。好容易做了一頂龍帽，卻三年沒有換過。起居室裡的被子也是好多年都沒有換過，一張床，一套鋪蓋，簡簡單單的日子，這就是蕭衍當上皇帝之後的生活。說出來恐怕很多人都不會相信。

雖然在吃穿上不講究，但是在選賢納士上，蕭衍卻一絲不苟，嚴謹挑剔得很。手下的官員，一律要清廉節儉，兩袖清風，他三不五時就會把這些官員召集到自己的身邊來開個大會小會的，有時候還會給這些人專門做「政治培訓」，告訴他們民為一國之本，為官之道當為民做主，贏得百姓的心。

為了能夠網羅到更多的人才，他特別在各個地方都安置類似於「星探」一樣的人，專門負責在大街小巷，各大城市中替他搜羅人才。一旦發現治國之才，就立刻收到帳下，加以重用。

他還給自己的官員制度大打廣告，在全國廣下詔書。詔書上註明：地方官員如果政績顯著，可以獲得快速提升。

比如，在小縣裡當縣官，如果把所在的小縣管理好，做到百姓安居樂業，對地方官讚不絕口，這個縣官就可以獲得提拔，提拔到大一點的縣裡去當官。

如果再創下佳績，就讓這個人到郡裡去當太守，穩步上升。這樣得到提拔的官員，會十分珍惜自己的成果，幾乎不會出現貪污腐敗的現象。

在農業方面，他也做出了重大的改革。他把沒人耕種的田地和沒人居住的房屋都收歸國有，一部分由地方的官府開墾種植，另一部分則拿出來分給沒有田地的農民。在以前因為種種原因而流落他鄉，如今想要返鄉卻苦於沒有土地的農民，也可以回鄉，回鄉後還會恢復原有的土地。

同時，禁止富商豪強強佔有別人的土地，如果是官府侵佔的土地，要重新開放給老百姓。如有違反制度者，以軍法論處。在這種嚴格制度的要求下，百姓個個都耕者有其田，居者有其屋。

總之，梁開國之初，由於蕭衍實施了正確的用人之道、

明確的獎懲制度，使得自古以來貪贓枉法的官員腐敗現象得到了顯著的改善。

土地制度的改革，也為農業生產創造了有利的條件，再加上他自己在生活和政治上以身作則，整個朝廷的風氣可以說是昌明開化，百姓也安居樂業。

真是冤孽，冤孽啊

如果一直照這樣發展下去，蕭衍必然會成為一個勤政愛民的好皇帝。他前期在政治上和生活上的作為，完全可以寫成一本教科書，讓每一任皇帝都可以學習到真正的帝王之道。

但也正因為蕭衍前期的優秀，到後來他的一系列做法才會顯得是那麼荒唐，這也是為什麼蕭衍能出現在我們這本書裡的原因。

因為我們一再強調，所謂的荒誕，並不只是在生活上的放蕩不羈，或者在政治上的昏庸無能，更多的是行為上的荒誕不經。而我們的主角蕭衍，顯然就是屬於這種人。

歷史上好像很多皇帝在登基之後，都會對曾經輔佐過自己的功臣多加防範。劉邦、朱元璋都曾經為了避免那些和自己一起打江山的人功高震主，而將他們殘忍地殺害。蕭衍在這方面也和歷代皇帝一樣，有著很重的猜疑心。

縱觀梁的開國歷史，我們不難發現，蕭衍之所以能夠坐上皇位，和他的好友沈約及一位重臣範雲是有著很大的關係的。這兩個人在當時的那些「群眾演員」當中，是「演技」

最好的兩位，可以說是梁的開國功臣。

　　但蕭衍其實很妒忌沈約的才能，害怕他像自己奪位那樣，再篡奪了自己的皇帝寶座。所以，對於此二人，他並沒有重用。

　　由於鬱鬱不得志，還經常受到蕭衍的猜疑，這兩個人在建國不久後就相繼離世，不知道他們在臨死前的那一刻，會不會後悔當初錯信於人。

　　那些和他一起建國的功臣都得不到他的重用，相反，他卻很偏袒自己的那些親屬。特別是他的二兒子和六弟。只是，他也沒想到，自己竟然會遭到自己最親近之人的背叛，不僅自己心靈上受到了嚴重的創傷，更因為自己的徇私情、護犢子，而使這些受到他照顧的人死的死，殘的殘。可以說是得不償失。

　　蕭宏是蕭衍的六弟，這個人平庸無能，而且愛財如命。蕭衍曾經派他帶兵去攻打北魏，大軍走到洛口的時候，蕭宏害怕了。自己還有那麼多錢沒花完，還有那麼多的女人沒抱過，如果就這麼戰死了，不是太虧本了嗎？於是，他下令停在原地，不再向前進軍。

　　就因為他這樣畏縮不前，導致梁軍在這場戰鬥中大敗，損失慘重。但蕭衍卻沒有怪罪於他，反倒是好言好語地安慰他，讓人好吃好喝地伺候著。

　　後來，有個人殺了人，找蕭宏要他幫自己隱瞞，並給了

他一大筆錢。蕭宏本來就是一個見錢眼開的人，因此很爽快地就答應了下來。他把殺人兇手藏在自己的家裡面，但不知道為什麼，還是走漏了風聲。

事情敗露後，蕭衍也沒對蕭宏做出懲罰，相反地還讓他加官晉爵。這下子，蕭宏覺得自己有了倚仗，反正不管自己做錯了什麼，哥哥都不會責罰他而因此更加肆無忌憚，無法無天。

他膽子大到什麼地步呢？舉個例子，他竟然敢和自己的親侄女，也就是蕭衍的女兒通姦，並且和她一起謀劃要篡奪蕭衍的皇位。

但是，蕭宏本來就沒有什麼真正的膽識，而蕭衍又是個聰明人。在他們兩個人要刺殺蕭衍的時候，就已經被蕭衍發現了。

派去進行刺殺的刺客當場就被抓住，被處以極刑。蕭衍的女兒還算是個知廉恥的人，知道自己的所作所為對不起自己的父親，更對不起大梁江山，於是選擇自盡而亡。

可是蕭宏這個膽小鬼，死又不敢死，活著又害怕被蕭衍治罪。每天都戰戰兢兢，最終得了重病而死。而蕭衍，不知道是該說他糊塗還是說他沒心沒肺。自己的親生弟弟和女兒這麼對他，他竟然沒有記恨，還在蕭宏臨死前，親自去他的府上探望七次之多。這也可以看出，他對這個弟弟是真心疼愛的，但卻因為愛得過度，而對他造成了「愛殺」。

　　同樣的情況還發生在他的二兒子蕭綜的身上。蕭綜雖然在名義上是蕭衍的兒子，但事實上關於他的身世一直都是議論不止的。因為蕭綜的母親吳淑媛以前是東昏侯蕭寶卷的妃子。後來被梁武帝蕭衍看上，臨幸之後便封為貴妃。只是沒想到，七個月後，吳妃竟然產下一子。太醫說是早產，但朝中紛紛議論說這個孩子並不是蕭衍的親生兒子，而是蕭寶卷的遺腹子。

　　不過蕭衍對這件事卻不介意，也沒有追究孩子到底是誰的。他對蕭綜疼愛有加，不僅給他封王，還讓他當了將軍。對他比對自己的大兒子還好。有人說蕭衍是傻子，對一個不是自己親生的孩子疼愛到如此地步，早晚會被傷害的。但蕭衍聽到這些之後，也只是聳聳肩，表示無所謂。

　　後來，宮裡的美女越來越多，吳妃也就不像之前那麼受到蕭衍的寵愛了。她很生氣，也很忌妒，最後決定把兒子的身世告訴蕭綜。蕭綜聽說這件事情之後，頓時覺得五雷轟頂，剛開始並不相信，但看到母親在自己面前哭得如淚人兒一般，也動了惻隱之心。

　　在母親的教唆下，他越來越相信自己是東昏侯蕭寶卷的兒子，而那個養育自己長大的父親，卻和自己有著不共戴天的殺父之仇，漸漸地，他就和蕭衍不像以前那麼親近了，於是借著一次北魏攻打南梁，蕭衍派他出兵的機會，投奔了敵營。

聽說自己的兒子以怨報德，投入敵軍，梁武帝很傷心。他派人偷偷地送書信給蕭綜，意思是說如果他願意回來，可以對他投敵賣國之事既往不咎。

不過蕭綜哪裡肯聽他的話，甚至還覺得自己這麼多年都「認賊作父」實在是愧對自己的生父。於是，他不但改了蕭衍給自己取的名字，還堅持要為已死的父親東昏侯蕭寶卷守孝三年。

蕭衍知道自己兒子的倔脾氣，他決定的事情，十頭牛都拉不回來，心裡雖然生氣，卻沒任何辦法。只能取消蕭綜的各種職位和封號，把他的母親吳妃貶為庶人。

時光飛逝，若干年後，蕭衍依然記掛著投奔了北魏的蕭綜，就派人把他小時候的衣服給他送過去，希望他能夠記起兒時和父親相親相愛的情景，但被蕭綜一口回絕。不僅如此，蕭綜還讓來人轉告蕭衍，自己今生今世，永不返梁。

聽到這番話的蕭衍，呆若木雞，坐在龍椅上望著遠處，眼睛空洞無神，彷彿死人一般。自己的親弟弟和親生女兒，想要自己的命。這個雖然有很大可能不是自己兒子卻被自己像親生兒子一樣疼愛的人，卻對自己有著刻骨銘心的恨，自己這麼長時間以來是不是全都做錯了？不然上天為什麼會這樣懲罰自己呢？

一夜之間，蕭衍老了很多。

一步錯，步步錯

西元520年，這一年是標誌性的一年，很多歷史學家都將這一年視為南梁發展的分水嶺。

在這之前的蕭衍還是那個體恤百姓、愛民如子的好皇帝；但在西元520年之後，他變得昏庸無能、荒廢朝政，政治逐漸走向衰敗。這一切和他之前受的兩次打擊有沒有關係，我們不得而知。而現實就是，他的荒誕行徑，就從這一年開始，變得尤為突出，從以前遵從儒禮到篤信佛教。

佛教大約是在西漢時期傳入中國的，到魏晉南北朝時期得到了極大的發展，特別是一些上層統治階級的人對佛教極其熱衷。

作為當時最高統治者，蕭衍為了彌補自己心靈上的空虛，更為了鞏固自己的統治，開始在國內大肆發展佛教，一時之間，佛教的傳播在當時的中國達到鼎盛。

西元527年，梁武帝在思考了很久之後，決定皈依佛門。他讓人在他的皇宮旁邊建造一座寺廟，並且親自給它取名叫同泰寺。

同泰寺建得異常宏偉，亭臺樓閣高聳入雲。為了方便從

皇宮到同泰寺的進出，他派人在兩處中間又建了一個大門，叫大通門。這一來，為梁武帝以後在和尚——皇帝、皇帝——和尚之間變換身分提供了大大的便利條件。往前一步是寺廟，退後一步是皇宮。真可以說是「進可攻，退可守」。

同年三月，該建的都已經建成了。梁武帝也打算實現他信奉佛法後人生的第一個目標，就是親身體驗一下當和尚的「樂趣」。

於是，他把文武百官都叫到自己的身邊，跟他們說自己要去當和尚。文武百官當時就慌了。堂堂一個皇上要放下國家大事跑到佛門裡面找清淨，這在歷史上是見所未見、聞所未聞的啊，這哪成啊！於是，大家苦口婆心地勸說皇上要以國家百姓、江山社稷為重，不要因為一時想不開，而耽誤了國家的前途。那真是曉之以理，動之以情，就差集體自殺以明心志了。

只是梁武帝心意已決。在備受親情的打擊之後，他覺得自己已經看破紅塵，塵世中已經沒有什麼可以讓他留戀的。因此，不論這些大臣如何說破嘴，他都無動於衷。他最後真就把自己的龍袍換成了僧袍，進行了剃度儀式，正式成為同泰寺裡的一個和尚。

到了寺裡面，梁武帝也不擺皇帝架子，與那些和尚一起飲食起居。他睡的是和普通人家一樣的床，用的是和普通人家一樣的碗，吃的是和普通人家一樣的飯，而且每天早上都

會按時起床念早經，和眾僧人一起打掃佛殿。日子過得在梁武帝看來還是很舒心的。

他這一去做和尚倒是兩袖子一甩什麼都不管了，每天的奏摺都堆成了山；宮門前的「謗木」和「肺石」兩個箱子裡的信件也沒人看，沒人管了。

這可急壞了滿朝的文武大臣。大臣們坐在一起開會商議：這事可怎麼辦啊？國家不缺蕭衍這麼個和尚，但缺梁武帝這個皇上啊。「火車跑得快，全憑車頭帶」，這皇上帶頭去當和尚了，讓底下的人可怎麼做才好呢？沒招了，只能去求，求他趕緊收收心回來繼續當皇上吧。

於是，百來人浩浩蕩蕩地就到了同泰寺，烏壓壓跪倒一大片。大家一起磕頭，頭敲在地上發出乓乓的聲音，都快趕上撞鐘了。大家眾口一詞，求蕭衍回宮主持大局。

好不容易過了清淨日子的蕭衍哪樂意放棄這種生活。一想到回去之後還要面對諸多的大小事情就頭痛。所以，哪怕這些人的腦袋磕出了血，他也不肯做出讓步，還是堅持要留在寺裡面。

眾人一看，這事不好辦，還得再想別的法子。想來想去，想到給寺裡捐點錢，就當給皇帝大人贖身用。於是派人去和寺裡面交涉。最後，敲定用一億錢把皇帝贖回來。一億錢不管放在什麼時候都不是一個小數目，和尚們一見有這麼多錢，根本就不準備再阻止大臣們帶走蕭衍了。

蕭衍一看和尚們都默許了，自己也就不好再死皮賴臉地賴在寺裡不走了，於是勉強同意跟眾位大臣回去。這就是梁武帝的第一次「捨身」。但他之後還是陸陸續續地做了好多次這樣的事。但這都是後話，我們先擱下不表。

單說他重新回到皇宮，也沒心思多加考慮朝政，只是想著怎麼能把佛教發展好，日思夜想，寫出了四篇《斷酒肉文》，強調要讓和尚只吃素食。

其實在南梁之前，中國的和尚和其他地區的和尚一樣，並不是素食主義者。他們也會吃魚、吃肉、喝酒。但到了梁武帝這裡，他決定用自己的皇帝權威逼迫這些和尚改吃素食，強制他們實行素食制度。

在他沒事瞎琢磨出來的《斷酒肉文》裡，他還特意指出，之所以讓和尚食素是為了奉行佛教教義的「不殺生」，是為了讓大家在死後不入地獄，能夠種善因得善果，還寫了請大家「勿怪弟子蕭衍」云云……這不是「吃飽了撐著」嗎？佛祖常說：「我不入地獄誰入地獄」。梁武帝這個假和尚只是希望信奉佛教可以保佑他死後得善終，根本不是真心向佛。做點好事希望佛祖知道，做點壞事就希望佛祖不知道，這也太難為佛祖了。

其他的僧人也覺得梁武帝這是沒事找事，因此都對這一制度很不滿，他們為此決定和梁武帝對抗。

梁武帝一看，這些和尚竟然敢反駁自己的意見，那還了

得。於是他把這些不聽他話的和尚都召集到皇宮裡面，打算召開「御前會議」。在會上，由他主持佛教教義、經文的問答釋疑，以一問一答的形式進行對質。

當然，和他對質的都是他事先安排好的「槍手」，他才不會傻到臨場找人和他對質，如果對方通曉佛理，對答如流，把他質問得啞口無言，自己丟了面子不說，那個素食制度想要再推行下去，恐怕就更不容易了。於是，「會議」中回答他問題的三個「槍手」按照梁武帝事先就給他們準備好的「臺詞」進行作答。會議進行了很長的時間，卻沒有任何實質性的見解，折騰到最後，結論仍然是，素食制度要長期堅定地在僧侶中執行下去。

雖然表面上梁武帝是普通的和尚，但事實上他仍然是一國之君，是這個國家的最高領導者。領導者已經明確地告訴大家要怎麼做，到最後誰也不敢忤逆。沒辦法，這些僧侶只好強迫自己改變飲食習慣。

從這個時候起，中國的佛教徒就開始食素、戒葷。現在很多人可能以為佛教食素是他們教義裡的規定，並且全世界的佛教徒都是如此做的。其實並不是這樣，全世界的佛教徒裡面，除了中國的漢傳佛教徒之外，其他地區的佛教徒都是葷素皆食的。這個傳統是從梁武帝開始，代代傳下來的。除此之外，在其他國家，和尚也是可以娶妻生子的。

西元529年，離他上次「捨身」已經過去了兩年，他的

心裡又有點癢癢了。於是，他決定在同泰寺裡舉行一次佛教大典。叫什麼名字呢？想了半天，就決定叫「四部無遮大會」。

所謂的「四部」是指和尚、尼姑、善男、信女，而「無遮」則是指沒有阻攔。說白了就是不管男女老少，有錢沒錢，有地位沒地位，有文化沒文化，都可以得到一視同仁的對待，誰都可以來這裡燒香拜佛。其實「無遮大會」是從印度傳過來的，是印度佛教的朝聖節日。而到了中國，就有了中國的禮俗特徵。

那一天，整個同泰寺熱鬧非凡。梁武帝在寺門前安排了盛大的樂隊吹吹打打，廟裡更是人頭鑽動，人山人海。來拜佛求平安的人絡繹不絕，整個大殿一整天都籠罩在彌漫的香雲煙霧之中。

梁武帝更是借著這個機會想再過一次當和尚的癮。於是，他也穿上僧袍，身後跟著一批大臣，來到大殿拜佛。大臣們本來也挺高興，以為這回滿足了他辦佛會的願望，以後他一定能夠把全部心思都放在國家大事上。因此都跟著來見識見識。

誰知道，這一拜不打緊，竟然徹底把皇上繼續當和尚的癮給勾了上來。看見佛教在國內這麼受歡迎，他突然覺得果然是當個和尚要比當個皇帝好得多啊。於是，再來他說什麼也不願意走了。眾位大臣實在是強不過他，沒辦法，當晚大

家就一起住下來了。

梁武帝這下子可樂壞了。他又過回了以前的和尚生活。吃著和以前一樣的菜飯，聽著佛經念誦，心裡別提有多開心了。第二天，他又早早地起來，到大殿上給來聽經的人講《涅槃經》。

大臣們一看他這個樣子，心裡都知道這皇上的「老毛病」又犯。皇上也知道這些大臣的想法，於是讓和尚把大臣們趕了回去，自己準備好好地繼續享受清靜的生活。

大臣們回宮之後，越想越覺得氣惱。但人家是皇上，除了規勸，難道能對他發火不成？於是這些人輪番上陣地去同泰寺勸皇上。今天他去，明天你去，他們決定打車輪戰，煩也要讓皇上煩死。等到皇上受不了他們的囉唆之後，自然而然就會回來了。

只是他們打錯了如意算盤，不管他們去多少次，梁武帝都只是避而不見：你們這些大臣不是都伶牙俐齒，能說善道，死人都能說成活的，我就不吃你們這套，我不見你們不就落得個清靜了嗎？所以，去勸皇上的這些人個個都吃了閉門羹。

這麼下去也不是好事啊。這些大臣三天兩頭地往寺裡面跑。和尚們也認為他們這樣長此以往，必會打擾了佛門清淨，也都勸梁武帝早些拿個主意。

梁武帝想起之前的事情，眼珠一轉，派人給那些大臣帶

話：「想要我回去倒也不是不行。只是我現在已經是佛家的人了，要想讓我脫離佛門，就得替我行大善，積大德。」

收到皇上的話之後，眾大臣又頭痛了。什麼是行大善、積大德呢？幾個人在屋子裡走來走去，絞盡腦汁地想辦法。

「要不，我們再捐些錢怎麼樣？」不知道是誰提了這麼一句話。

眾位大臣一拍大腿：「就這麼辦。」

於是，眾位大臣又湊了一億錢，拿著去了同泰寺。就這樣，在當年的十月，皇上才從同泰寺又回到了宮中。

這之後，梁武帝也依然沒有長記性，又發生了兩次「捨身」、「贖身」事件。為了把他從寺裡贖回來，國家花費了大筆的錢財。史書上記載，最後一次贖身的時候，同泰寺裡發生了火災，大火燒得很旺，把整個佛塔都給燒毀了。梁武帝說這是魔鬼幹的，得做場大法事來驅鬼，而且必須得重新再把佛塔建造起來。為此，他找了很多的和尚尼姑來做法事，給他們吃好的穿好的，所有用的都是頂級的東西。

在做法事的過程中，還讓所有的大臣都和自己一樣，誠心禱告，燒香磕頭，光是香就燒了上萬斤。為了重新建造佛塔，他派人找來了大批的工匠，可以說是勞民傷財，耗資無數。

梁武帝不僅在皇宮內修復佛塔，還在各地大興土木，不僅花費大筆資金，且還占用了大量的土地。而和尚僧侶也恃

寵生驕，生活腐化，有的甚至偷偷地養起女眷，連吃穿用度
都非凡人所能比擬。

在梁武帝信佛之後，他本著「不殺生」的教義縱容了很
多的不法之徒，嚴重破壞了吏治，使一些為非作歹之人長期
處於無法無天的狀態，百姓為此受到了許多的驚嚇和欺壓，
對國家更是漸漸失去了信心。

所有的種種，都嚴重地削弱了國家的經濟、政治實力，
使得一些奸人賊子得到了可乘之機。

誰叫你信錯人

　　在梁武帝的晚年時期，他最寵信的大臣叫朱異。這個人說穿了就是一個小人。他明知道自己的意見可以左右梁武帝的決定，卻從來不對不好的事情提出反對意見，反而是一味地迎合奉承蕭衍。而且背地裡，他也是壞事做盡，貪贓枉法，驕奢淫逸，禍國殃民。但是梁武帝這個時候正沉迷於佛法當中，無心政事，也就對朱異的所作所為睜一隻眼閉一隻眼。這也為後來的悲劇做了一個沉重的鋪墊。

　　有一天晚上，蕭衍做了一個夢，夢裡面的自己成了一個統一全國的皇帝，番邦外國都紛紛向自己投降稱臣，為自己進獻貢品。自己得到了很多外族的奇珍異寶，數都數不清，多到連整個國庫都裝不下了。梁武帝真是做夢都笑醒了。醒來以後，發現是個夢，他不禁覺得有些失落。

　　第二天，他就把朱異找來，跟他講了自己昨晚做的夢。其實我們都知道夢是心頭所想，白天的時候想了什麼，經歷了什麼，在夢裡會以不同的形式再現出來。

　　朱異也知道，一個做夢沒啥可奇怪的，但他可是個最會拍馬、奉承的人，這麼好個機會他怎麼可能錯過呢。於

是，他一個頭就磕在地上，嘴裡大喊：「恭喜陛下，賀喜陛下。」

梁武帝讓朱異趕緊起身，讓他說說，這喜從何來。

朱異說：「這乃是國家統一的吉兆。皇上，您馬上就可以一統天下了。」

他的這番話正好迎合了梁武帝的心理。這麼多年了，自己認為自己是個好皇帝，但遲遲未能統一中原，這個缺憾一直像石頭一樣壓在他的心底。他覺得如果自己能夠統一天下，必然會和秦皇漢武一樣流芳百世。

很多時候都是「無巧不成書」，他剛做完夢沒幾天，就有一個叫侯景的西魏大將帶兵來投降。當時很多朝臣都反對收納這個降將。認為他反覆無常，會給國家的安定帶來不利。但朱異卻在後面慫恿皇帝接納侯景，說這是梁武帝統一的前兆。梁武帝相信了朱異這個小人所說的話，接收了侯景，也為自己埋下了後患。

西元548年，侯景因不滿蕭衍起兵造反。他派兵圍住了建康城，城裡死屍遍地，梁軍完全失去了還手之力。而諸王因為彼此不和，也不願發兵幫助梁武帝。第二年三月十二日，建康城的台城被攻陷，蕭家宗室、琅琊王氏、陳郡謝氏等幾門豪族都幾乎被滅門，這就是史上著名的「侯景之亂」。

然後，侯景把梁武帝關了起來，還派人監視他，甚至慢

慢地縮減他的飲食，連水都不讓蕭衍喝足，終於在五月末的時候，蕭衍被活活地餓死在台城。蕭衍當時已經86歲了，卻未得善終，這可以說是他後期佞佛的業報。

蕭衍初登天子寶座完全是眾望所歸，而且在成為皇帝之後，進行了大刀闊斧的改革，全身心地致力於朝政大事、國家安危，在初期使國家繁榮昌盛，確實可以稱得上一位明君。但沒想到他竟然晚節不保，在後期大力發展佛教，企圖用佛教思想束縛住百姓，不僅勞民傷財，而且不得人心。

到了末期，整個官場更是風氣敗壞，百姓疾苦、國力衰敗、民怨沸騰。最後他還誤信小人，使得自己不得好死，不得不說是一場悲劇。

至於在後人心中，梁武帝到底算不算一代明君，相信每個人的心中都有一桿秤，自會給他一個公正的評價。

第五章

其實我是個禽獸
——隋煬帝楊廣

事實上，楊廣並不是個一無是處的人。

就像進入我們這本書裡的很多皇帝一樣，

在初登皇帝寶座的時候，

他也有著遠大的抱負、博大的胸懷，

認為自己可以當一個君臨天下的好皇帝。

但後來，他的所作所為也和之前講到的很多皇帝一樣，

上演了一出現實版的「變形記」。

隋煬帝
楊廣

身分：隋朝第二任皇帝
生卒年：西元569年～西元618年
父母：楊堅、獨孤皇后
愛好：旅遊、美女
座右銘：老爸的就是我的，老哥的也是我的
上榜原因：為了爭皇位幹掉自己的老爸和老哥，
　　　　　還沒能給百姓帶來好處。

如果說到歷史上能排在前三位的暴君，不知道大家會最先想到誰。筆者的心目中第一時間浮現出來的三個人分別是：商紂王、秦始皇和隋煬帝。這絕對是因為他們在歷史上留下的名聲，除了暴君、昏君就是荒淫無道、倒行逆施，反正沒有一句好話。但真正的隋煬帝楊廣到底是個什麼樣的角色？我們除了憑藉史官留下的文本去猜測、去重現之外，也就沒有其他的辦法可以知曉了。事實上，如果對那段歷史瞭解得越多，就越會發現，楊廣也並不是一個一無是處的人。就像進入我們這本書裡的很多皇帝一樣，在初登皇帝寶座的時候，他也有著遠大的抱負、博大的胸懷，認為自己可以當一個君臨天下的好皇帝。但後來，他的所作所為也和之前講到的很多皇帝一樣，上演了一出現實版的「變形記」。

　　在他統治時期，他雖然完成了國家的統一，開鑿了便利的大運河，在事實上推動了國家經濟、政治的發展，但所有的這些，都是以增加人民的負擔為代價的，橫徵暴斂，加重徭役，最終百姓不堪忍受，終於起兵反隋。而且傳說他的皇帝寶座是殺了自己的父親和哥哥才坐上去的，在他當了皇帝之後，不僅欺妹霸嫂，還打起了他老爸的女人的主意，實在是有違人倫。用別人形容他的一句話說就是：「簡直是禽獸都不如」。這一次，我們就要走進這個「禽獸都不如」的皇帝的世界，努力還原一個真實的隋煬帝，然後，由您對他的生平親自下一個判斷，給他一個客觀的評價。

兒子多了也不好

西元569年的某一天，後來成為隋文帝的楊堅他老婆獨孤氏在睡覺的時候做了一個夢，夢裡有一條張牙舞爪的巨龍從她的肚子裡鑽了出來。她嚇了一跳，從夢中驚醒。當時楊堅就在老婆身邊，聽見老婆的驚叫聲，也從睡夢中醒來。

看見老婆一臉驚恐的表情，不明就裡，便輕聲地問她怎麼了，是不是做了什麼噩夢。獨孤氏點點頭，又搖搖頭，緊閉著嘴唇不停地哆嗦，一看就是受到了極大的驚嚇。楊堅一看這種情況，連忙派人請來了醫生，還把擅長解夢、算命的人請了過來。

把過脈後，醫生說獨孤氏身體並無大礙。這個時候，獨孤氏的情緒已經慢慢平穩了。她便把自己做的夢講了出來。還沒等楊堅說話，就看見那個擅長解夢的人吃了一驚，嘴裡說著：「恭喜，恭喜！」

楊堅一頭霧水，於是問：「我不明白這喜是從何而來啊？」

那人朗聲說道：「夫人在夢中夢到有一條龍從她的肚子裡鑽出，然後一飛沖天，這說明她懷的是個龍種，而且是一

個太子，將來必定是個可以繼承大統之人。」

楊堅聽過這番話後，並沒有表現出高興的樣子，反而閉口不語，臉上顯現出了不為人知的表情。

其實，獨孤氏懷的這個孩子並不是楊堅的第一個兒子，在這個孩子之前，已經有一個長男誕生在楊家。在中國的古代，繼承權這個東西是很玄妙的，一般都是由嫡長子來繼承家業，皇帝之家亦是如此。如果真的像這個人剛才所說的那樣，那在未來勢必會因為皇位引發一場腥風血雨的兄弟之爭。當然，最後的事實證明，這個不幸化為了現實。

到了隋煬帝楊廣出生的那一天，天空布滿了紅色的雲彩，把整個天空都染成了血的顏色，華夏各地都像被籠罩在紅光之中，牛呀、馬呀、雞呀、豬呀都開始不停地叫，好像在慶祝他的誕生。就是在這樣的奇異天象下，隋煬帝誕生了。

也許楊廣真的是上天選出來當皇上的，剛出生沒多久的他就已經表現得比同齡孩子更智慧、更聰明。他很小的時候就已經能看很多的詩書。但是，也是在那時候，他的性子就有些顯露出來：「急不可耐，猜疑心重，而且還善妒」。

俗話說：「三歲看大，七歲看老。」身為他的父親，楊堅看到楊廣小時候的樣子，可能就已經預感了些什麼。

三歲的時候，楊廣跑到父親楊堅的身邊玩。因為他很聰明，楊堅平時對他也是多看幾眼。那一天，楊堅抱著他玩了

很久，發現了他性格上的一些缺陷，不禁歎了一口氣。旁邊的人看見了，忙問楊堅怎麼了。楊堅把楊廣放到地上，起身在花園裡踱步，走了幾步，才緩緩地說：「這個孩子的確是帝王之才，但最後使我們楊家滅亡的恐怕也是他啊。」在講這番話的時候，也許他還不是那麼確實地肯定他當年的這番話竟然真的會一語成讖。

在楊廣十三歲的時候，他在自己的那幫兄弟當中已經是出類拔萃了，從天文、地理到術數、詩文幾乎無不精通。老爸楊堅雖然知道他性格裡有不好的地方，但從各方面來說，楊廣都是最讓自己喜歡的。因此，隋文帝楊堅對自己的這個二兒子楊廣也是疼愛有加，並且封他為晉王。

而楊廣除了擁有王位之外，還同時兼做並州的總管。可見楊堅在心底還是承認楊廣的才能的。但那個時候，楊廣好享安樂的態度就已經初現端倪。為了能夠讓楊廣做一個好的地方總管，隋文帝給楊廣派了一個很有才幹，並且敢於直諫的大臣王韶。王韶平時對楊廣極為嚴格，楊廣也很害怕他，所以平時雖然心裡也有一番抱怨，但礙於王韶在自己身邊也不敢太過放肆。

有一次，王韶被皇帝派到長城去巡視，楊廣覺得自己可找到機會玩樂，就讓人給自己新建一座園林。沒想到，剛動工沒有多久，王韶就從長城回來了，回來的第一件事情，就是馬上阻止楊廣的瞎胡鬧。沒有辦法，剛剛開始興建的園林

只好停工了。

隋文帝開皇九年（西元589年），隋朝起兵攻打南朝的陳。楊堅任命當時年僅二十歲的楊廣做大軍的統帥。雖然當時真正領兵打仗的人是賀若弼等大將，但楊廣的表現也是可圈可點的。

陳當時的政權已經岌岌可危，早就沒有了反抗外敵之力。更何況當時的隋朝統一全國已經是大勢所趨，所以戰爭並沒有持續太長的時間。雙方幾番交戰，楊廣就帶兵攻入了陳的都城建康（現在的南京），俘虜了南朝最後一個君主，陳叔寶。

因為這場戰爭沒有什麼挑戰性，楊廣又只是個二十歲的大男孩，因此對什麼都充滿了好奇心。在南征的途中，他飽覽了江南秀麗的風景，在北方長大的他不禁驚奇於自然的神奇，竟然能創造出各地不同的風光美景、宜人氣候。因此，他也在心裡暗自下定了決心：一定要建功立業，有一番作為，將來得到父親的承認，繼承帝位。這樣自己就可以坐擁這大好的江山，想怎麼遊玩就怎麼遊玩，想去哪裡玩樂就去哪裡玩樂。

這個時候，他還不知道他的這份決心，對他以後所要走的路和整個隋朝的命運，開啟了怎樣的作用。

真是個畜生啊

　　建康被攻陷以後，楊廣遇到了他人生中第一件未能如願的事情。在清點俘虜的時候，有一個美女讓楊廣眼前一亮，這個女人不是別人，正是陳後主陳叔寶的寵妃張麗華。

　　張麗華原本是一名歌伎，傳説她不只有傾國傾城的美貌，而且才思敏鋭，學識超群。陳後主也是因為寵溺於她，以致最後成為亡國之君。那首著名的亡國之音《玉樹後庭花》就是陳後主為張麗華所作。而楊廣對張麗華的美貌早就有所耳聞，並且心馳神往已久。今日一見，果然名不虛傳，不禁多看了兩眼。其實在建康城剛破城的時候，楊廣就和自己的手下説了，如果抓到張麗華，一定要留活口，自己要得到這個女人。

　　可是沒想到的是，楊廣的手下長史高熲並沒有老老實實地聽他的話。他見楊廣看張麗華看得眼睛都發直了，便趁楊廣不注意親手殺了張麗華。而且還和楊廣説出一套理論：「昔日姜太公蒙面斬了妲己，這個張麗華也同樣是紅顏禍水，萬萬不可留下。」

　　楊廣很生氣，這不是和他唱反調嗎？但心裡不高興歸不

高興，表面上還不能讓人看出來，自己的色心還是要好好地隱藏起來。於是，他只好說：「謝謝您的好意，我一定會報答您的。」

其實，高熲所為恰好拯救了楊廣，也拯救了楊廣的職業生涯。因為，如果當時楊廣得到了張麗華，以他那好色的性格，必然會早早就成為第二個陳後主，跟張麗華夜夜笙歌，哪還有什麼心思去爭太子之位，那些權力早就成鏡中花、水中月了。所以，從另一個角度來說，高熲反倒應該是他的恩人。

這一次南朝之征，為楊廣爭取了很多的戰功，為自己積聚了很多的威望，父親楊堅也是越來越喜歡他。而相比之下，當時的太子楊勇，也就是楊廣的大哥，就顯得十分平庸了。楊廣覺得不論文治武功，自己都要比大哥強上不只一點半點，每每想到自己最後無法坐上皇帝的位置，他心中的妒火都在熊熊燃燒，而且越燒越旺，終於衝破了他的理智。他決定要取代大哥，成為當朝的太子。

在這場太子爭奪戰中，楊廣兩面三刀的個性顯露無遺。為了能夠順利地實現自己的目標，他把自己偽裝起來，戴上虛假的面具。

楊廣知道自己的父皇和母后雖然貴為一國之君和一國之母，卻都崇尚節儉，特別是常常教導他們這群兄弟要勤儉治國，方能使百姓生活安定。楊廣自己骨子裡是奢華浮躁的，

但為了在自己父母面前裝出節儉的樣子，可以說是煞費苦心。

楊廣家裡有很多容貌秀美的女子做他的妾侍，而且每個人都穿著考究、華美。有一次，隋文帝楊堅想和老婆一起到自己的幾個兒子家裡去隨便轉轉，看看自己孩子是怎麼生活的。楊廣從楊堅的隨身太監那裡得知了這個消息，一早就做好了準備。他要自己那些漂亮的小妾都躲藏起來，只與自己的正室蕭氏一起到門口迎接老爸老媽。不只是自己的小妾，就連府裡稍微有點姿色的丫環都要她們躲起來，換成一批年老色衰的婦人，穿著粗布衣裳來伺候老爸、老媽。

楊堅和老婆哪知道真相啊，以為自己的二兒子真的繼承了他們的優良傳統，艱苦樸素地過著憶苦思甜的生活。因此，他們打心眼裡高興，看著二兒子楊廣樂得合不攏嘴。

楊廣的那個傻哥哥確實也不爭氣。他可沒有楊廣的那個心眼，平時什麼樣這時還是什麼樣。本來以前的生活就大手大腳慣了，在自己爹媽面前也忘了收斂，拿出山珍野味、珍饈佳餚來招待他們。本以為能討得歡心，沒想到卻弄巧成拙，在皇帝和皇后的面前碰了一鼻子灰。

當然，這些只是楊廣為自己爭奪帝位所走出的第一步。在這之後，他更是工於心計、不擇手段。

楊廣的父親楊堅在歷史上是個有名的「妻管嚴」皇帝，對自己的皇后獨孤氏可以說是愛中有恨，恨中有愛。所以，

平時獨孤氏說的話在楊堅那裡，可說作用還是相當大的。楊廣看中了這一點，決定加以利用。

那個時候，太子楊勇和自己的正室元氏正鬧翻，正眼都不樂意瞧這個大老婆一眼，反倒是對小老婆雲氏疼愛有加，兩個人恨不得天天膩在一起。

獨孤皇后本身是大老婆，對小老婆本來就恨得牙癢癢的，平時為了這事就常和隋文帝楊堅打架。如今看見自己的兒子竟然也為了個小狐狸精把大老婆冷落在一旁，心裡別提多生氣了，只恨自己兒子一點也不爭氣。

後來，太子楊勇的大老婆元氏突發心臟病而死。獨孤皇后始終覺得這件事情可疑，認為是兒子和雲氏故意合謀害死元氏的，再加上雲氏竟然還生了兒子，這讓獨孤皇后更生氣了，因此對太子楊勇的不滿情緒就像滔滔江水一樣，連綿不絕。獨孤皇后對太子楊勇的厭惡之情溢於言表，被楊廣看在了眼裡。

楊廣是個聰明人，他馬上就明白了獨孤皇后喜歡什麼，不喜歡什麼。他想著自己平時的作為只要和楊勇反著來，一定能得到皇后的喜歡。於是他每次都是和他的大老婆一起出現在皇上和皇后的面前，讓人感覺他倆好得跟一個人似的。但私底下他卻是美妾成群，而且為了把這齣戲演好，如果小老婆生了孩子，他就會把孩子和小老婆一起殺了埋在後院，簡直殘忍到了極點。

不過，他演的這齣戲在皇后的面前確實好用，獨孤皇后對他是越來越另眼相看。楊廣覺得時機成熟了，只要往火上再澆點油，就可以把自己的親生哥哥、太子楊勇打到十八層地獄，永世不得翻身。

有一天，他跑到皇后的面前，哭得跟個淚人兒似的。皇后一看就急了，問：「誰欺負我兒啊？」楊廣擦了擦眼淚，抽泣著說：「皇兄他看母后對孩兒偏疼，心裡妒忌異常，幾次想派人刺殺我，要不是我命大，恐怕以後就再也見不到母后了。」說著說著，眼淚又流下來了。

獨孤皇后一看，這還得了，太子也太不成體統了。於是她趕緊把楊廣扶起來，生氣地說：「太子成天就知道和狐狸精鬼混，害死自己的妻子不說，現在竟然欺負起自家兄弟來了。我尚且在世，他都這麼猖狂，我要是哪天歸西了，他還不得把你們全都殺死？而且他當上皇上之後，你們這些兄弟還得對他、對狐狸精和他那個庶出的兒子俯首稱臣，這也太沒天理了。」楊廣雖然表面上裝作心裡害怕、受驚過度，但看到自己的這番話在母后面前起了作用，母后好像已經有了廢掉太子的意思，心裡暗自得意：如果父親也能有這種想法，那真是再好不過了。楊勇真是個傻太子呢，他不只得罪了母親，連在父親那邊也沒好評價。

我們之前就說，隋文帝楊堅是個勤儉持家的好男人，好皇帝。他最看不慣誰鋪張浪費。而他的兒子楊勇偏偏要跟他

相反。

　　楊勇本來有一件製作精美、奢華的鎧甲，但他還覺得不夠好，就又找工匠來修飾一番。這件事情被隋文帝知道了，老大不高興，當場就訓了他一頓。不過楊勇壓根兒就沒把自己父親的訓斥當一回事。

　　冬至這天是楊勇的生日，他在家裡大排筵席，接受文武百官的祝賀。隋文帝更生氣了：「我越要你節省點，你越是浪費，簡直就沒把我這個當皇上的爹放在眼裡。」從這次之後，隋文帝楊堅對楊勇也沒給過好臉色看，反倒是更加喜歡會「做事」的楊廣了。太子的地位終於被楊廣動搖了。

　　皇帝和皇后這邊的戲份做足了，接下來就是要給自己找些幫手了。俗話說：「一個好漢三個幫。」自己一個人始終是成不了大事的。於是，楊廣開始計畫拉攏朝中的重臣。

　　朝裡有位叫楊素的，隋文帝楊堅對他很信任。楊廣心裡明白，如果能把楊素拉到自己身邊來，就如同猛虎添翼，能夠得到不小的助益。

　　他聽說楊素這個人有點頑固，不太好搞定，因此打算從他弟弟楊約的身上下手，因為他聽說楊約和楊素兩兄弟向來親密無間，只要搞定一個，另一個自然就不是問題了。

　　為了達到這個目的，他打聽到了楊約的喜好——賭博。為了投其所好，楊廣三不五時就派自己的心腹宇文述陪楊約去賭博，還故意輸錢給他。混熟了之後，宇文述就和楊約

說：「你和你哥哥與太子本來就不和，要是太子真的當了皇上，你們兄弟倆還能有好果子吃？」

楊約心裡也明白這一點，此時有人提起，也正好給自己謀個辦法，趕忙問道：「那依閣下之見，此事應該怎麼解決？」

宇文述看對方已經上鉤，是收線的時候了，便將楊廣的想法告訴給楊約，告訴他要如此這般，這般如此，方能解決掉太子。

楊約回家之後，將這些話原封不動地說給楊素聽。楊素是個聰明人，心裡馬上就明白了。而且平時經過察言觀色，也知道皇上有廢了太子的意思，既然如此，自己何不順水推舟，既送了人情，又能得到好處。

一來二去，在楊素兄弟和楊廣兩方努力下，隋文帝終於將太子楊勇貶為庶人，另立楊廣為新的太子，楊廣也算是得償所願，了卻了一樁心事。

本來楊廣以為皇帝之位如今已經唾手可得，早晚是自己的囊中之物，因此也就放鬆了警惕。人們常說「上得山多終遇虎」，這意外總是在最出乎意料的時候出現。

仁壽四年（西元604年），文帝生了重病，身體一天不如一天，眼看著駕鶴西遊也是不會太久的事情，但楊廣在此時有些耐不住性子了。他急切地想登上帝位，也害怕多生枝節，所以一天都不願意再等下去了。

　　他寫信給楊素，問應該怎麼處理文帝的身後事。誰知道，楊素的回信被隋文帝看到了。文帝當時暴怒不已，心底湧起一股悲涼。信錯人不可怕，可怕的是一輩子都信錯了人。臨到終了，才發現自己一直器重的兒子，竟然是個不折不扣的畜生，居然為了皇帝之位，期盼著自己親生父親早點去見閻王。

　　文帝越想越生氣，不禁怒從中來。隨後，又傳來了楊廣調戲隋文帝最寵幸的妃子宣華夫人的消息，文帝更是怒火攻心，對身邊的人說：「速召我兒。」

　　大家都以為是在說楊廣，剛想去找。文帝連聲說道：「不是楊廣，是勇兒，是勇兒啊。」到這個時候了，他才想起大兒子的好，卻不知道為時已晚，這次呼喚竟然會成為自己和楊勇的催命符。

　　話說楊廣在外面已經聽到風聲說自己的事情敗露。心裡料想，此次如果功虧一簣，最後必然會落得個「竹籃打水一場空」的下場，皇位沒了不說，最後自己的腦袋保不保得住都是個大問題。想到這裡，他決定要先下手為強。

　　他將隋文帝身邊的護衛都換成了自己人，把侍奉在文帝身邊的侍婢全都趕出宮外，接著又讓自己的親信去文帝的寢宮。這一連串的動作做出沒多久，宮中就傳來了文帝駕崩的消息。

　　這文帝死得時機太敏感，以至於後世傳說，隋文帝並不

是病死的，而是死於他殺，殺人兇手就是他的親生兒子，當時的太子楊廣。

單從史書上的記載來看，楊廣確實有在當時必須殺死文帝的動機，至於他有沒有真的付諸行動，恐怕只有當時在場的人知道。而這到如今也就成為了一個千古之謎。如果真是如傳說所說，楊廣親手弒父，那他就真是一個徹頭徹尾、不折不扣的畜生了。在文帝死後，楊廣為了斬草除根，不留後患，還派人殺死了自己的親生哥哥楊勇。

可以說，楊廣的皇帝之路上布滿了血腥，而且都還是自己親人的血。但客觀來說，歷史上的帝位之爭本就充滿著親兄弟的自相殘殺，即使是被稱為明君的李世民，也是在著名的玄武門之變後，才登上皇位的，手上一樣沾滿了兄弟骨肉的血，只不過他在位時，政治清明，國家長治久安，他的這段歷史才沒有被無限放大；而反觀楊廣登上皇位後的種種作為，實在是想不黑他都不行了。

真是畜生x2啊

　　父親和哥哥都死了，楊廣的心也就安定下來了，同年七月，楊廣繼承帝位，改年號為大業，正式宣布自己成為皇帝。

　　按說當皇帝之後，楊廣應該做點正事來穩定朝綱，但他卻並沒有這麼做。之前我們也説他因為調戲隋文帝的寵妃宣華夫人差點使自己的太子之位被廢，如果不是他及時反應，現在躺在墳墓裡的人就是他了。

　　不知道該説他記性好還是不好，反正現在自己是皇上，自己想做什麼就做什麼。當初差點被廢的事，如今説來就像是陳年往事一般，不值一提。

　　但他對宣華夫人卻仍然是念念不忘，日思夜想。於是，楊廣在自己登基之後，什麼事都沒管，第一件心頭大事就是搞定這個宣華夫人。

　　話説宣華夫人之前跟隋文帝告狀，回到自己的寢宮之後就傳來隋文帝病死的消息，再看到楊勇被楊廣所殺，想到自己之前曾經得罪了楊廣，心裡非常害怕，每天待在宮裡都是食不安、寢不眠，不知道該如何是好。

正在發愁之際，有個侍從進來，說皇帝賜給宣華夫人一個金盒。宣華夫人當時就傻眼了，以為新登基的皇帝一定是記恨自己告狀，現在想弄死她。此次送來的金盒裡一定裝了毒藥，要她服毒自盡。

看到宣華夫人還沒看就開始哭哭啼啼，侍從心裡覺得好笑，於是催促宣華夫人趕快打開金盒。宣華夫人知道是福是禍自己都躲不過了，心下一橫，打開了盒蓋。盒裡放的哪是什麼毒藥，竟然是做工精巧、漂亮的同心結。旁邊眾人都為宣華夫人道喜。宣華夫人心裡卻是很氣憤的，自己從輩分上論，也算是楊廣的母親，如今先皇剛死，他竟然就要霸母，於情於理都說不過去。因此，她把金盒推到一邊，不發一言。

旁人看著都急壞了，這要是拒不收金盒，就真是小命不保了。不只宣華夫人要死，她身邊這些個宮女和侍從也活不了，因此，不管她願意不願意，旁人強行拉著她跪倒在地，接下了金盒。當晚，楊廣就在宣華夫人的寢宮臨幸了她，之後一直也對她寵愛有加。

霸佔了自己老爹的寵妃，楊廣並不滿足。他的願望是三宮六院七十二嬪妃，再加上其他的女人，總之是多多益善。可是女人多了，愁事也就來了。這麼多美人，該讓她們住在哪裡呢？

這必然就得大興土木了。他派人在東都洛陽建造了一個

別苑，別苑裡分為十六個院，找了天下手藝最好的工匠打造亂石假山、亭臺樓閣，再加上珍禽異獸、奇花異草，整個別苑看上去就像是個人間天堂。

當然，除了洛陽之外，從長安到揚州，楊廣還在很多地方都設置了差不多級別的行宮，在這些行宮裡也都安排了陪侍的宮女，可以方便他在出去旅遊的時候，也有美女伴隨左右。這樣，楊廣更是愛上了旅遊。

雖然出行、入宮都有美女相隨，但也未能滿足得了楊廣的淫欲。他有一個很變態的癖好，就是喜歡十幾歲的小女孩。用我們現在的話說，楊廣就是一個「蘿莉控」。可是小女孩不懂這些「雲雨之事」，每次也都讓楊廣不高興。這可怎麼辦呢？愁壞了楊廣身邊那些小人佞臣。

在楊廣的行宮裡有一個地方叫「迷樓」，迷是迷人的迷，樓是樓房的樓，也就是說，這裡是個迷人的地方。為什麼迷人呢？因為裡面有眾多的美女，而且幾乎都是十五歲以下的小女孩。楊廣常常「迷」在「迷樓」之中，流連忘返。但因為小女孩都不配合他，他也很不高興。

在楊廣身邊有一個叫何稠的人，他在拍馬屁方面如果稱第二的話，就沒有人敢稱第一。為了讓楊廣高興，他絞盡腦汁，竟然做出一個稀奇的玩意兒。

這個玩意兒外表看起來是個小車，外面用紗帳做成帷幕，看不見裡面的情況，實則是暗藏玄機。楊廣在車上臨幸

女子的時候，可以絲毫不費力氣，而且女子也掙扎不得。楊廣得到此車之後，很是高興，馬上就找來一個小女孩試用了一下，效果確實不錯。於是楊廣一高興賞賜給何稠千兩金子，並且給這個車子取名叫「任意車」。

何稠果然「不負重望」，從此走上了給皇帝做新鮮玩意兒的道路。今天發明個「轉關車」，明天仿製個波斯的金綿錦袍，在隋煬帝遠征高麗的時候，他還在兩天之內就造了一座浮橋，一夜之內建成一座「六合城」。

這人明明應該是個很有前途的發明家，卻把這些心思都放在了取悅皇帝之上，以至於發明出來的都是一些「淫蕩之物」。

我們再說回隋煬帝楊廣，在宮裡頭住膩了，宮裡的美女也看膩了，楊廣開始打外面的主意，準備出去遊玩一番。前面也提到了，他在外面很多地方都建有行宮，耗資無數，勞民傷財，唐朝的詩人李商隱有一首七言絕句《隋宮》，描述的就是隋煬帝奢侈出遊的事。詩文如下：

「乘興南遊不戒嚴，九重誰省諫書函。
春風舉國裁宮錦，半作障泥半作帆。」

這首詩諷刺了隋煬帝重蹈被他所滅的陳後主的覆轍，身死國滅，成為天下的笑柄。當然，這些都是後話，如今我們只講隋煬帝遊揚州的事。

隋煬帝每次去揚州遊玩的時候，都不忘了給自己找來美

女。他乘坐的龍舟都不用那些粗獷的縴夫拉纖，而是用貌美如花的女子拉纖。

在他來回的路途中，在車裡還不忘臨幸美女。這個時候，何稠造的「轉關車」就派上了用場。因為這個車有減震的作用，而且還能自己爬坡，旅遊的途中正好可以拿來用。

總之，隋煬帝楊廣走到哪裡，就和女人交歡交到哪裡，對此他可說是樂此不疲。隋煬帝還跟別人說：「古人云『秀色可餐』，我有這麼多的美女陪伴左右，真不覺得餓了。看來古人並沒有說大話啊。」

但就因為隋煬帝身邊的女人太多了，多到數不清，因此偶爾也會有一些被忘在後宮之中，一輩子都沒有見過楊廣面的女人。

這些人當中，有一位侯夫人，境遇淒涼，雖然也有傾國傾城的美貌，卻沒有洪福齊天的命，一直獨守宮中，整天鬱鬱寡歡，最終，還是難耐寂寞，寫下了「長門七八載，無複見君王……毅然就地死，從此歸冥鄉」的絕句後，懸梁自盡，成為楊廣荒淫無道的一個犧牲品。當然，像她這樣的犧牲品在當時可說是不計其數。

而楊廣在侯夫人死後，看到她的容貌仍然和生前一樣，可以看出活著的時候是個沉魚落雁的可人兒，如今自己連個手指頭都沒碰到就香消玉殞。明明是自己的疏忽，卻找了個代罪羔羊。

　　楊廣找來中使，對他說：「我要你幫我在後宮中挑選佳麗，這侯夫人明明容貌、才情俱佳，怎麼沒有給我挑選出來？現在佳人已逝，你這個『罪魁禍首』還是隨她而去吧。」中使也只好自盡，以死謝罪。可見楊廣的荒唐到了極點。

還是建個大運河玩玩吧

其實對隋煬帝的暴政走到盡頭最有推波助瀾作用的，可以說是大運河的開鑿。

前文提到，他在二十歲征戰南朝的時候就對江南的風景念念不忘，而且在他年輕的時候，還做了九年的揚州總管，可以說他已經將揚州當成了他的第二故鄉。因此，即使他當上了皇上，仍然無時無刻不想念著江南風光。就連看到宮中掛著描繪揚州的畫，他都心心念念。為了一解自己的相思之苦，他決定做一次揚州之行。

此次下揚州可以說是勞民傷財，從文武百官到皇宮妃嬪，浩浩蕩蕩地準備前往揚州。但此番出行，要用什麼交通工具呢？想來想去，楊廣還是覺得走水路最好，不僅省力，還可以在船上風流快活，自是別有一番風味。

但眾所皆知，從洛陽到揚州，哪來的水路可走啊？不過，隋煬帝楊廣已經做好了「有條件要上，沒條件創造條件也要上」的思想準備，下令讓人開鑿一條運河。

說到最終讓他下定決心開鑿運河的原因，卻是非常荒唐可笑。

　　相傳在隋朝時候，揚州一到春天就會開一種漂亮無比的花，叫瓊花。有一天夜裡，隋煬帝做了一個夢，夢見一種非常漂亮的花，但是不知道這花叫什麼名字，產在什麼地方。醒來以後，就命人把他夢中的花畫成圖形，張皇榜尋找認識者。正好當時在揚州見過瓊花的王世充在京城看到這張皇榜，便揭榜進宮，對隋煬帝說，圖上所繪之花叫作瓊花，生在揚州。隋煬帝聽王世充講瓊花如何如何漂亮，不禁心馳神往，雖然以前就一直打算要去江南走一趟，但最終促成此行的，竟然只是因為想要去賞花，而且還因為賞花，開了一條工程巨大的運河，不得不說是一個天大的笑話。

　　這個歷史上著名的大運河北起北京，南達杭州，流經北京、河北、天津、山東、江蘇、浙江六個省市。據《開河記》記載，當時為了能夠儘快地開通運河，一共徵用了三百六十萬人。

　　為了能夠按期完工，隋煬帝派遣了酷吏麻叔謀主管修河，強制天下十五歲以上的丁男都要服役，同時又從五家抽一人，或老，或少，或女子，擔負供應民工的伙食炊事的工作。

　　但眾所周知，工期時間短，工人的壓力自然也就大。再加上天氣惡劣，很多人很快就吃不消了。只是如果耽誤了工期，那些監工也是吃不了兜著走，自然對下面的工人更加苛刻。一旦發現體力不支，想休息一下的就上去一頓毒打。這

樣長久下來，工人死的死，傷的傷，不到一年，三百六十萬民工死者竟達二百五十萬人。

史書上詳細地記載了當時的慘狀：東自滎陽，北到河陽，放眼望去，全部都是載滿了死人的運屍車，恐怖至極，不可名狀。

整個工程歷時六年多，花費的錢財不可計數，為此死亡的人更是數不勝數。同時，這筆修建運河所支出的金錢，最終全部轉嫁到老百姓的身上，加重了人民的徭役稅賦，全國上下，怨聲載道，民怨日積月累，就等著爆發的那一天。

當然，這些事情對於隋煬帝楊廣來說，根本算不上什麼。他哪裡會管老百姓的死活，死多少人，花多少錢，他都沒放在心上，只要工程能夠按期完工，不要耽誤了他的南行計畫，這才是最重要的。

但他的心根本就一天都等不及地想飛到揚州去。因此，運河還沒全部完工之時，隋煬帝楊廣就帶著「坐不穩的屁股」從洛陽出發，坐龍舟前往揚州。

據杜寶的《大業雜記》所記，隋煬帝的龍舟就向是一座浮在水上的宮殿。龍舟長二百尺，高四十五尺，共分四層。上層是正殿內殿和東西朝堂；中間兩層共有一百六十個房間，都用丹粉粉刷，以金碧珠翠做裝飾，懸綴有流蘇、羽葆和朱絲網路，是皇上休息娛樂的地方；最下一層是內侍、水手居住的地方。

　　整個龍舟的外觀造型名副其實，就是一條巨龍，前面是昂起的龍頭，後面是高翹的龍尾。從龍舟正面看，只見龍嘴半開，龍眼圓睜，龍角直向蒼穹，一派真龍天子的無限威嚴。龍舟上兵甲列陣，旌旗招展，非常壯觀。

　　皇后的翔螭舟比龍舟略小一些，其裝飾與龍舟無異，在這兩舟的後面，是九艘叫作浮景的大船，船分三層，載滿了日常起居飲食所需，專供皇上、皇后之用。龍舟後面還有更龐大的船隊，漾彩、朱鳥、蒼螭、白虎、玄武、飛羽、青鳧、淩波、五樓、道場、玄壇、板栧、黃篾等各式船隻，分別有數百艘和千餘艘不等，有樓船，也有平船，分載後宮、諸王、百官、公主、僧尼、道士、蕃客及供奉物品。僅拉縴挽船的就有八百多人，而且還分出了等級。

　　隨駕的衛兵分乘青龍、平乘、八棹，艇舸數千艘，這些船上載有兵器帳幕，因此全由士兵牽引，不用船夫。整個船隊，舳艫相接二百里，兩岸有幾十萬士兵護航，真可謂水陸並進，浩浩蕩蕩。從遠處看根本分不出哪是河中哪是岸上，只見旌旗蔽野，一眼望不到盡頭，非常壯觀。

　　這一路上，經過了很多的州縣府衙，隋煬帝規定，五百里之內的官員都要來「獻食」，而當官的也不想放棄這個升官發財的好機會，自然也就爭著給隋煬帝送上好東西。有的東西連隋煬帝都沒有見過，所以也不客氣的把所有東西統統收下，能吃的就吃，吃不下的就扔，鋪張浪費、奢侈無度到

了極點。他倒是享受了，可是卻苦了沿途的這些老百姓了。為了給他準備吃的，那些原本已經窮困無比、不堪重負的百姓生活又被添上了沉重的負擔，讓他們更加貧困潦倒。

到了揚州之後，楊廣又大肆折騰了一番。因為他覺得當地為他建的行宮不夠寬敞，一眼就能從這邊望到那邊，沒有什麼樂趣。於是他命人再重新在觀音山蓋一座新樓，這裡也就是傳說中的「迷樓」所在地。

樓內建造得錯綜複雜，門戶重合，巧妙迴環。在一本書中提到迷樓的時候指出「明隋煬帝下江南明是在前軒，轉幾個彎，竟發現自己是在後院，明明是在外廊，約加環繞，已在內房。步步引入勝境，處處匪夷所思。」有的時候就連楊廣本人都找不到路。因此，迷樓不只是「迷人的樓」，更是「迷失自我的樓」，是「迷路的樓」。

雖然身處揚州，楊廣也沒斷了他的色心，在迷樓裡，他更加縱情聲色。他本人平時喜歡「偷窺」，但苦於窺不到自己。他就想了一個辦法，為自己床的四周都加上一面銅鏡，這樣他和妃嬪交歡時候的姿態就能盡收他的眼底，此法助長了他的另一個變態的嗜好與樂趣。

楊廣變得荒淫至極。由於長期縱欲，他的身體終於吃不消了。他問身邊的人說：「我剛當上皇上的時候，雖然辛苦，卻並不覺得睏，只有枕在美女的腿上才能夠安然睡去。可是現在我只要睡著了，就很難醒過來，一近女人更是覺得

疲倦，這是怎麼回事？」

身邊的人說：「這是長期縱欲造成的。希望陛下保重龍體，遠離女色。」楊廣聽了這番話，覺得有道理，於是找了一間屋子，作為自己的「靜室」，在裡面閉關休養，任何女人都不得靠近。

但這種情況他只堅持了一天就受不了了。他從「靜室」裡面跑出來說：「像這個樣子就算活一萬歲有什麼用？每天過著無趣的生活，還不如死了呢。」說完這番話，他就又一頭鑽進了「迷樓」。

雖然在揚州的每天也都只是沉迷聲色犬馬，但楊廣也沒忘了他來揚州的初衷，那就是賞瓊花。自己為了瓊花，開鑿了大運河，搞得天下都不得安生，怎麼可以到了地方反倒不去賞花了呢。

他帶著一幫人浩浩蕩蕩地到了賞花的地方，本想著見識一下傳說中的「名花」，身邊隨行的大臣們連「贊花」的詩詞都已經想好了，就連楊廣本人也是帶著一肚子的文采等著「用武之地」。沒想到的是，他們剛到地方就傻了眼，這地方之前下了好大一場冰雹，此時此刻，眼前哪還有什麼瓊花啊，剩下的只是被打落的破敗花瓣和空空的枝杈，哪裡看的見瓊花的影子。楊廣一看，心頭火起：我身為堂堂國君，只是想賞花，你這區區小花竟然敢不給我面子，說沒了就沒了。既然如此，以後你就不用再開放了。心裡這麼想，他也

確實這麼做了。他派人把所有的瓊花樹都砍的精光，可憐的瓊花樹因為這個昏君落得個花零樹斷的下場。不過，最終隋煬帝也落得和瓊花一樣的下場。楊廣這樣日日笙歌，夜夜狂歡，早就「快活不知時日過」了，於是問自己的皇后，現在是什麼時候了。

蕭后知道由於百姓對楊廣越來越不滿，導致時局越來越動盪，於是勸楊廣，要他多花點時間在朝政上，不要只顧淫樂。楊廣對此嗤之以鼻：「該是我的就一定是我的，人活著最主要的是讓自己盡興，其他的不要管那麼多了。」因此，又鑽回他的「溫柔鄉」裡了。這期間有宮女把外面的紛亂情況報告給他，他嫌宮女多事，將宮女砍了頭。可以說是「天要讓其滅亡，必先使其瘋狂」。

由於他的淫欲和胡作非為，在位僅幾年工夫，就使得國庫虧空。為了彌補國庫的損失，又加重了百姓的負擔。他這個皇上不僅不為民眾著想，在位期間還三征高麗，大敗虧輸，進而又給百姓的困苦生活蒙上了一層陰影。同時，隋朝的統治也已經到了崩潰的邊緣。

隋煬帝此時感覺到自己的統治快要到盡頭了。他隨身帶著毒藥，以免自己落到別人的手上，被別人折磨，生不如死。這一天很快就到了，大業十四年（西元618年），隋煬帝的親信宇文化及發動了兵變，將隋煬帝勒死在宮中，可憐他身藏毒藥，最後卻沒有派上用場，仍然是落了個不得好死

的下場，這就是上天註定的報應。

同年五月，李淵稱帝，標誌著隋朝的政權徹底覆亡。楊廣死後謚號為「煬」。

在南朝陳後主死的時候，楊廣認為他一生荒淫，就給了他一個「煬」的謚號，沒想到四年後，這個曾經自己給別人的謚號竟然落到了自己的頭上，而且在歷史上，他的惡名比陳後主還要壞得多，惡得多，不得不說是造化弄人啊。

隋煬帝在位僅十四年，十四年中他完成了國家的統一，建立了科舉制度，完善了三省六部制。修建的大運河雖然是為了滿足自己遊玩之心，卻在客觀上促進了南北的交流，促進了經濟的發展。詩人皮日休在詩中曾說：「盡道隋亡為此河，至今千里賴通波。若無水殿龍舟事，共禹論功不較多。」可見這個勞民傷財的大運河開通，對於經濟的發展和南北的文化交流開啟了重要的作用。雖然這並不是隋煬帝的本意，但他的無心之舉卻成就了這一歷史上最著名的大運河的開通。

因此來說，現在很多人在評價隋煬帝的時候都用功過相抵、毀譽參半來形容他。儘管他做的一些事情有意或者無意地達到了良好的客觀作用，但從主觀上來說，他始終是一個荒淫無道，只知享樂，不知有民的昏君。至於在眾位看官眼裡，他到底是個什麼樣的皇上，恐怕您心裡也有自己的想法了。

第六章

其實我是個花癡
——唐玄宗李隆基

在李隆基的一生中，

他最後的荒誕結局可以說是與楊玉環脫不了關係的。

如果沒有楊玉環，也許他還會是那個創造了

「開元盛世」的唐明皇；

如果沒有楊玉環，他可能會成為歷史上

一位可以與唐太宗李世民齊名的明君。

唐玄宗
李隆基

身分：唐朝第九任皇帝
生卒年：西元685年～西元762年
父母：李旦、竇德妃
愛好：搶兒子的媳婦兒
座右銘：只要是玉環喜歡的我就喜歡
上榜原因：輸了貴妃，贏了天下又如何？

「七月七日長生殿，夜半無人私語時。在天願作比翼鳥，在地願為連理枝。天長地久有時盡，此恨綿綿無絕期。」這幾句淒涼婉轉的詩句出自唐代詩人白居易的《長恨歌》。熟悉這首詩和唐代歷史的人都知道，詩裡講述的是唐明皇與楊貴妃纏綿悱惻的愛情悲劇。

看到這樣的開頭，想必各位也就知道這篇故事的主人公是誰了。沒錯，他們就是在歷史上留下了很多傳說的唐明皇李隆基和他的寵妃楊玉環。

和之前的那幾位帝王的故事不同，這篇故事是個有女主角的故事，因為在李隆基的一生中，他最後的荒誕結局可以說是與楊玉環脫不了關係的。如果沒有楊玉環，也許他還會是那個創造了「開元盛世」的唐明皇；如果沒有楊玉環，他可能會成為歷史上一位可以與唐太宗李世民齊名的明君。

但俗語說得好，「一招不慎，滿盤皆輸」，有的時候人如果走錯一步，恐怕就回不了頭了。唐明皇愛上了楊貴妃，愛到可以棄天下與百姓不顧的地步，不知道該說他癡還是該說他愚。

皇帝也是人，也有愛人和被人愛的權利。身為皇帝，後宮佳麗三千，能做到一心鍾情於一人的確是件很不容易的事情；但如果愛一人愛到連自己身為帝王的責任都放棄的時候，就真的不是什麼可以稱道的事情了。

這皇位真的來之不易

垂拱元年乙酉年八月五日戊寅日（西元685年9月8日），唐朝的第九任皇帝李隆基在東都洛陽出生了。出生的那天是否天有異象，史書上好像並沒有記載，因此關於帝王誕生都會天生異象的說法我們也就無從考證了。

但是，他誕生的時候也正是唐朝的政治發生變故之時，那個時候武則天已經主政，而且正準備做她的女皇，因此，一個小孩子的出生壓根兒就沒人有那個心思和那個時間去關注他，至於他以後是不是皇帝，會不會主政誰也不知道，更何況一個武則天就已經讓那些史官焦頭爛額了。

李隆基生來就可愛乖巧，聰明伶俐，傳說很能討得武則天的喜愛。在一歲多一點的時候，他就被封為楚王。本來小孩子應該是無憂無慮、天真爛漫的，但也許是李隆基所處的環境與眾不同，使得他小小年紀就已經開始思考很多事情。

在他五歲那年，歷史發生了重大的改變，武則天廢掉了自己的親生兒子唐睿宗，自己稱帝，改國號為武周。意思是從此天下是她的天下，姓武不姓李。那個時候的李隆基雖然年紀尚小，但經歷了這樣一番動盪之後，變得更加像個小大

人了。

在他七歲裡的一天，朝堂舉行祭祀儀式，武則天的侄子武懿宗仗著自己姑姑的權力老是橫行霸道，誰都不放在眼裡，因此在朝堂之上大聲地訓斥護衛。

李隆基聽到後很不高興，雖然還是個孩子，卻敢衝到武懿宗的面前斥責他：「這裡是我們李家的地盤，你一個武家的人憑什麼在我家的地盤上教訓我家的護衛？」武懿宗當時就傻眼了，這哪來的小孩啊，竟然敢和自己這麼說話，於是氣沖沖地走了。武懿宗轉頭把這件事和武則天說了之後，武則天不但沒有怪罪李隆基，還覺得自己這個孫子天不怕、地不怕的個性有點像她，反倒對他更加喜愛了，到第二年就封他為臨淄郡王。

在這樣政治動盪的年代裡，李隆基長到了九歲。這一年所發生的事情，對於他來說則更加刻骨銘心。

他的親生母親竇德妃被武則天祕密處死，原因不得而知。但仔細地想一下，即使真是沒有任何原因地殺了她也沒有什麼好驚訝的，因為下手的人畢竟是那個連自己親生女兒和兒子都能毫不留情地殺掉的女皇，因此殺人原因也就真的不必糾結了。

雖然從小就已經看慣了政治上的黑暗和變故，但畢竟這次死的人是自己的母親，李隆基的心像被什麼撕裂了一樣，疼得不能自已。不過他並沒有表現出過度的悲憤和傷心，反

倒是在心裡深深地記下了這筆深仇，堅定了自己的信念，做出了一個完全不像是九歲的孩子會做出的反應，那就是鎮定。

這之後，他依然在宮裡嘻嘻哈哈地玩鬧，彷彿沒把喪母之痛放在心上。還給自己取了個外號，叫「阿瞞」。

歷史上還有一個擁有這個名字的著名人士，他就是曹操。而阿瞞是什麼意思呢？就是因為民間有人傳說「賴名好養活」，所以很多小孩都有自己「好養活」的乳名，而曹操的養父給曹操取的乳名曹操羞於向人提起，別人問他的時候，他就老是支支吾吾地打馬虎眼，日久天長，別人一提到曹操就說「就是總瞞著自己的名字不說，淨編瞎話的那個」。這樣看來，李隆基自詡為「阿瞞」也許就是想隱瞞自己心裡的真實想法，把虛假的一面留給別人看而已。

西元705年，宰相張柬之發動政變逼武則天退位，武則天被迫將皇位交給自己的兒子李顯，就是後來的唐中宗，國號也由周改回唐，天下終於又回到了李家的手中。

只不過這個唐中宗根本就不是個當皇帝的材料，而且還有一個時時刻刻想效仿武則天當皇帝的老婆，專門重用自己家的親戚當官，而當初發動政變的那些功臣貶的貶，死的死。所以在他上位之後，朝政可以說是更加腐敗不堪。

後來，中宗被自己的老婆和自己的女兒合謀給毒死了，他老婆覺得丈夫死了，自己就可以像婆婆一樣，也當個女

皇，卻沒想到此時已經成年的李隆基見時機已到，提前發動了兵變，處死了這個異想天開的韋皇后，使自己的父親李旦當上了皇帝。

其實李隆基他爹能當皇帝，李隆基的姑姑太平公主有著很大的功勞。要不怎麼說武則天給唐朝的皇室女人們開了個不好的頭呢。當時只要是個皇室的女人就想學一下武則天，嘗嘗君臨天下的滋味。這個太平公主也不例外。

在武則天還活著的時候，太平公主已經顯露出她強而有力的政治手腕，李旦上臺之後，在處理政事的能力上遠不及太平公主，所以慢慢地，太平公主掌握了當時大部分的權力。朝廷中擁護她的人也有不少，在七位宰相中就占了五位。

由於李旦也是個沒用的傢伙，根本就不敢和太平公主正面起衝突，漸漸地太平公主就更不把他這個皇帝放在眼裡了，並開始著手準備取而代之。但此時，她還有一個需要解決掉的心腹大患，就是李隆基。

在相處的過程中，她發現李隆基為人英明果斷，在政治上的能力很強，是自己最大的對手。於是，她開始叫人在外面到處說李隆基不是長子，沒有做太子的資格，他想要繼承皇位，是白日做夢。不僅如此，她還常常在李旦的面前說李隆基的壞話，讓李旦以為李隆基想搶他的皇位。

李旦這個傻子當時還幾乎信以為真，心裡真就開始提防

起自己的兒子。

後來有人指出，這可能是有人故意要離間他和李隆基的關係才放出的謠言，不如讓太子李隆基監國，這樣既可穩定人心，又可使謠言不攻自破。

就這樣，李隆基當上了太子監國，代替他父親主持朝政，行使皇帝職權。太平公主看在眼裡，氣在心裡，終於一計不成，又生一計。

西元712年，天空中出現彗星，彗星又叫「掃把星」，傳說有「掃把星」出現，大都不會有什麼好事。太平公主藉這個機會讓人去和唐睿宗李旦說，這「掃把星」的出現證明李唐王朝要有不好的事情發生，也許是太子李隆基想篡位當皇上了。

這番話如果放到其他的時候或者聽者換成其他的皇帝，李隆基的下場可能都不會太好。但偏偏他的父親李旦本身就不對皇位特別感興趣，時間一久也深知自己做這個皇帝有點吃力，巴不得趕緊找個合適的繼承人把皇位讓出去呢。他覺得既然上天都有預兆要讓李隆基當皇帝，那何不就把皇帝的位置傳給他，也算給自己省去一個大麻煩。這樣想過之後，唐睿宗李旦就決定讓位於太子李隆基。

這下子太平公主可傻了眼，本來計畫是除掉太子李隆基，沒想到弄巧成拙，對李隆基登上皇位竟然起了推波助瀾的作用。她不但沒有除掉太子，還把他捧上了皇位，這不得

不説是「搬石頭砸自己的腳」。

太平公主氣得七竅生煙，完全喪失了理智。她決定放手一搏，準備發兵攻打皇宮，透過兵變弄死李隆基。但她太小看李隆基的實力了，李隆基親自帶兵平定了叛亂，還除掉了太平公主。

712年，不到30歲的李隆基終於登上了皇帝的寶座，改年號為「開元」。

你可創立了開元盛世啊

由於從出生開始就經歷了那些宮廷政變，同時自己也深陷其中，可以說自己當皇帝的這條路上，布滿了坎坷荊棘、艱難險阻，自己最後能成功當上皇帝真可謂不易。

更由於親眼看過自己的伯父和父親治理國家的艱辛，他也深知想當一個皇上並不是想像中那麼容易，因此，他把自己這個皇位視為寶貝，想要加倍地愛護它，讓它在自己的手裡能夠發揚光大。而在那個時候，他也確實是這麼做的。

初登帝位，他為了鞏固自己的統治，避免政變的發生，採取了一系列的措施：整頓禁軍、懲治貪官、調整吏治、裁減冗員，以圖節省國庫的開支。

他同時注重人才的選拔，先後任用了姚崇、宋璟、張說、張九齡等人為宰相，這些人為恢復國家元氣貢獻了很大的力量。

這一時期的唐玄宗李隆基政治清明，善於納諫，注重治理邊疆，重新在世界上樹立了唐朝的威望。

那個時候，李隆基非常注重對外貿易的發展，與七十多個國家都有往來，很多的外國商人都慕名到唐朝來經商，正

是因為那一時期的繁榮，以至於現在外國人仍然願意稱中國人為「唐人」，在世界各地也都有「唐人街」，可見當時的盛世對歷史產生的深遠影響。

那個時候的唐朝，是真真正正的「天國上朝」，在世界上享有很高的聲望。

在經濟方面，唐玄宗李隆基還帶頭提倡節儉，並以身作則，他規定宮裡的后妃都不得佩戴金銀珠寶，禁止貴族互相攀比、奢侈腐化。在他的極力宣導之下，國家形成了一股樸素之風。

他非常重視農業發展，大興水利，制止蟲害，大面積地屯田墾田，解決軍隊的糧食供應問題，同時發動了一場檢田括戶運動。就是大力地檢查有沒有隱瞞的土地和包庇的農戶，如果有，並且被檢查出來了，那麼土地就要被沒收，這些被沒收的土地則分給農民耕種，這項措施大大地有利於農業生產的發展，同時，還從根本上增加了國家財政稅收。

由於政治上的清明，使得當時的文化風氣得到了極大的重視和寬容，科技、文化在那個時候都得到了極大的發展。

在他統治時期，唐朝的那些有名的文化人，拿到現在都還是閃閃發光的大明星：岑參、高適、王維、李白、杜甫，這些在中國的歷史上有著鮮明性格的文化界的代表人物都生活在「開元」時期，同時還有書法家顏真卿、「畫聖」吳道子，可以說是人才輩出，群星閃耀。

　　總之，在唐玄宗李隆基個人的努力和眾大臣的幫扶之下，唐朝進入了歷史上的全盛時期。

　　經濟文化都得到了長足的發展，國家富庶，天下太平，百姓安居樂業，這在歷史上的任何一個封建王朝中都是難得一見的太平景象。歷史上稱這一時期為「開元盛世」。

　　只是俗語常說「物極必反」，當好到一定程度的時候，必然會開始走下坡路。

　　因此也正是由這一時候開始，唐朝由盛轉衰，以至於後來發生了著名的「安史之亂」。

我在人生的
道路上迷路了

　　看過我們這本書的前面幾個故事，大家就會發現一個很奇妙的現象。那些很荒誕的皇帝大多在前期都勵精圖治，而到後期的時候就變得荒唐可笑，甚至做出一些讓人無法接受的事情。不管是王莽，還是李隆基，都逃不出這個循環。

　　這說起來，也許和人的本性是有關係的。人在取得了一定的成績，享受了安逸的生活之後，就慢慢地忘記了「居安思危」的道理。比如我們這個故事的男主角李隆基，他在創建了所謂的「開元盛世」之後有點驕傲自滿，覺得自己做得可以了，就喪失了之前剛當上皇帝的那份上進心，也變得貪圖享樂。

　　「由儉入奢易」，很快的他就沉迷於安樂之中，甚至連大臣的諫言都聽不進去了。

　　也就是在這個時候，他把那個正直、清廉的宰相張九齡給炒了魷魚，換成了口蜜腹劍的小人李林甫。

　　話說這個李林甫真不是個省油的燈。雖然自己本身沒有什麼大的才華和能力，但長了一張「比蜜還甜的嘴」，拍馬屁的功力可謂登峰造極。

不僅如此，他還買通李隆基身邊的太監和妃子，三不五時給他們點好處，進而套出皇帝近來的行蹤和心思，這樣能夠更加方便他奉承拍馬。

比如有一次，唐玄宗想從洛陽回長安，張九齡認為他的做法會給正在秋收的百姓造成困擾，因此不贊成此次之行。大家看看，這得是多不會說話的一個人啊。人家一個皇上，在自己的地盤上還不是想去哪裡就去哪裡，身為臣子在旁邊陪著就行了，你不樂意陪就算了，竟然還橫攔著、豎擋著！唐玄宗不高興了，臉上烏雲密布的。

然而李林甫這人多精明啊，馬上就看出顏色利害，於是在心裡算計著怎麼能把這個馬屁拍響了。張九齡前腳剛走，他後腳就跟唐玄宗李隆基說：「『普天之下，莫非王土』，這整個天下都是皇上的，您還不是想去哪裡就去哪裡，想什麼時候去就什麼時候去啊。如果路上騷擾到百姓也不用害怕，還有一招啊。只要皇上日後免了這些百姓的稅，他們肯定是樂得很呢。」

玄宗聽李林甫這麼一說，臉馬上放晴了，聽他的話一路回到了長安，一路上也確實沒發生什麼太大的困擾。

李林甫一看自己的計策可行，就更加理直氣壯地說張九齡的壞話了。說他功高震主啊，想隻手遮天啊，反正就是要把事鬧大。

唐玄宗也正是到了糊塗的時候，他在人生道路上迷了

路，偏就聽信了李林甫的這些話。更何況張九齡這些人老是頂著他話，沒事就說他這兒做得不對，那兒做得不好，正想找個機會把他們給炒魷魚，如今順著李林甫的這些話，就讓這些老是跟自己唱反調的官都回老家了。

李林甫這回真是高處一人之下，萬人之上的地位。誰不聽他的話，他就想辦法給人家免去官職；誰不和他站在一起，他就會想方設法地陷害人家。再加上他自己本身除了溜鬚拍馬之外，在政治方面也真的沒有什麼建樹，所以對那些有才能的賢良之士更是羨慕嫉妒恨，當著面把人誇得天花亂墜，背地裡恨不得置對方於死地。因此，人們一提起李林甫都說他是「口有蜜，腹有劍」，這也是「口蜜腹劍」這個成語的由來。

李林甫雖然不學無術，只知陷害忠良，但卻由於知道順著唐玄宗李隆基說話而深得李隆基的喜愛，因此他在宰相這個位置上一待就是十九年。

在這十九年裡，他把那些正直、有才幹的大臣罷官的罷官，處死的處死，而其他的那些和他是一丘之貉的奸臣小人卻屢屢得到重用，使得唐朝的統治由安轉危，只可惜唐玄宗卻一直都被蒙在鼓裡，安心的寵愛他的楊貴妃，埋頭睡他的大頭覺。

紅顏都是禍水

故事到這裡，我們的女主角也該閃亮登場了。

西元736年之前，唐玄宗還並沒有見過我們的女主角。那個時候他所寵愛的妃子姓武，是武惠妃，她是武則天的侄孫女兒，唐玄宗對她疼愛有加。

當然，可能血統這個東西真的有很大的關係，或者說唐朝時候的女人野心都很大，這個武惠妃也想跟自己的姑祖母武則天學習。但有了武則天的膽也不代表有武則天的命，武惠妃為了能使自己的兒子繼承大統，設計陷害了太子和其他兩位王爺，進而導致三人都被貶為庶人，不久就死於非命。天下人都說這三人死得實在是太冤枉了。

而武惠妃陷害了三人之後，也是寢食難安。有一天一個宮女在值夜的時候說見到三個男鬼。做賊心虛的武惠妃以為是三人要來找她索命，心裡更加害怕，因此憂思成疾，一病不起，終於一命嗚呼，死時才不過三十八歲。

玄宗知道了這件事以後，也瞭解了三人的冤屈，明白武惠妃是因為心裡有鬼才最終病死。只是他對武惠妃也是真心疼愛，更何況人已經死了，再追究起來也是於事無補，因

此，還賜給她「貞順皇后」的名分，將她風光入葬。

這之後，他不但不恨她，反倒想起她活著時的種種好處，不禁傷感異常。以致茶飯不思，水米不進。

眼見著皇上日漸消瘦，身邊的太監高力士可坐不住了。這樣下去，龍體一定會大損，此時應該想個辦法，給皇上另找一位寵妃，轉移皇上的相思之情。思來想去，高力士一拍大腿，他想起一個人來。

要說這事之後的發展就變得有些荒唐了，因為這高力士想起來的不是別人，正是唐玄宗李隆基的兒子，壽王李瑁的王妃楊玉環。也就是說當時楊玉環的身分是李隆基的兒媳婦。這公公和媳婦，怎麼看都是一個亂倫的故事啊。

楊玉環出生於官宦之家，不僅天生麗質，長相柔美，而且性格溫婉大方，精通音律，能歌善舞。西元734年，壽王李瑁和楊玉環一見鍾情，很快就有迎娶她過門的打算。

那個時候的唐明皇也沒見過楊玉環，如果當時就見著了，估計她還真就成不了自己的兒媳婦。但造化弄人，在李瑁母親也就是武惠妃的再三請求之下，唐玄宗下了一道詔書，立楊玉環為壽王妃，這就為他倆日後的關係築起了一道「人倫之牆」，即使兩人日後在一起，提起這段關係，也依然是「名不正，言不順」的。

話說高力士想起來還有這麼個可人兒肯定可以俘獲皇上的心，為皇上排憂解難，於是馬上和唐玄宗說了自己的想

法。他說：「皇帝陛下，您這樣對武惠妃日思夜想，念念不忘，武惠妃在天有靈也會感動的。只是這樣下去恐怕會有傷龍體，您還是早日再選一個妃子才是。」

皇上歎了口氣說：「我何嘗不想，但一時之間你讓我上哪裡去找像武惠妃一樣蕙質蘭心的美人兒啊。如果有人能給朕尋來此人，能夠一解朕的相思之苦，朕必將有重賞。」

高力士一聽這話連忙應聲答道：「小的知道世間還真有這麼一個人。她就是現在壽王的王妃楊家玉環。她長相出眾，多才多藝，資質不凡。」

李隆基這個糊塗蛋一聽說有美女，眼睛都亮了，哪還管得上這美女是何等身分，是何人的媳婦，就算是他爸爸的媳婦，也會照搶不誤的。因此，一聽說有這等好事，李隆基馬上就讓高力士去幫自己偷偷地把楊玉環召進宮來讓他先看看。

沒多久的時間，高力士就把楊玉環帶進了宮裡。不見還好，一見之下李隆基立即驚為天人，只見她皮膚溫潤如玉，眼中水波流轉，嬌媚無骨，入豔三分，舉手投足間美豔不可方物。看得李隆基心搖神蕩，一時之間忘乎所以。

看到李隆基這個樣子，即使皇上不說，高力士這個聰明人心裡也就有譜了。接下來的事，就是要想個什麼辦法能讓壽王同意把自己的老婆獻出來。

本來楊玉環和壽王李瑁結婚之後，日子過得也十分甜

蜜，李瑁有此美女，自是心滿意足，哪想到會橫遭禍劫，竟然能引得自己的親生父親打上了自己媳婦的主意。而且這楊玉環自從嫁給李瑁，夫妻二人舉案齊眉，互敬互愛。

但這個時候的李隆基可管不了那麼多。他什麼都不願意去考慮，只要能得到楊玉環，他不惜一切代價。但不管怎麼說，李家的面子還是要顧的，公公搶兒媳婦這種事情傳了出去，還是出在帝王之家，一定會成為街頭巷尾的話題，好說也不好聽。於是，他決定先要做足表面文章。

這個時候被拿來利用的人，就是他死去的母親竇太后。他詔告天下，自己的母親在自己年幼之時就已慘死，以致自己未能對母親盡自己應盡的孝道，此時此刻，想起這些，心中仍然是愧疚不已，於是決定要為母后祈福，以慰她的在天之靈。

為了給母親祈福，壽王的妃子必須要出家去做道姑，並給她賜了個道號叫「太真」，這之後，楊玉環便搬出了壽王府，前往驪山出家為道，住進了太真宮。但這樣一來，自己的兒子就會很長一段時間沒有女人陪了，於是，唐玄宗又故作好心，給兒子重新找了個媳婦，將大臣韋昭訓的女兒嫁給了李瑁，立為王妃。

要不說這唐玄宗為了得到楊玉環真是下盡了功夫。斗轉星移，一晃眼楊玉環出家已經五年有餘。這唐玄宗為了能染指自己的兒媳，不惜等上五年的時間，可見他這個人有多麼

荒唐了。

眼下，楊玉環的守戒期已滿，唐玄宗等這一天等得都快紅眼了。一聽說這個消息，馬上下令准許楊玉環還俗，之後就迫不及待地把她接入宮中，恬不知恥地將她冊封為貴妃，把自己的兒媳婦包養了起來。

這件事情深深地打擊了他的兒子李瑁，讓他很受傷。心裡也充滿了對自己父親的不滿。但不管怎麼說，那個人還是自己的親爹，所謂「肥水不落外人田」，事已至此，也只能睜一隻眼閉一隻眼了。

而在民間，由於李唐時期的民風極其開化，在文化和風俗上更是相容並蓄，一些封建禮制也相對弱化，因此，唐玄宗的做法並沒有遇到極大的反對。

雖然如此，但搶了自己兒子的媳婦始終不是什麼光彩的事，唐朝詩人李商隱曾經寫出「驪岫飛泉泛暖香，九龍呵護玉蓮房，平明每幸長生殿，不從金輿惟壽王」的詩句，短短的四句詩，將當時壽王的鬱悶和唐玄宗的尷尬描寫得一覽無餘。

由於這個美女楊玉環實在是得來不易，因此李隆基對她更是加倍疼愛。而這個楊玉環也很識大體，表現得有別於唐朝時期其他的寵妃。

她進宮以來，一不過問朝廷政事，二不插手權力之爭，只是極力地向唐明皇展示著自己在音樂歌舞、詩詞曲賦等方

面的過人才華，每天只是給唐玄宗彈彈琴、跳跳舞，就得到了皇帝的百般寵愛，做到了「後宮佳麗三千人，三千寵愛於一身」。

而唐明皇更是在楊玉環的寢宮日日貪歡，夜夜笙歌，為楊玉環神魂顛倒，不思朝政。《長恨歌》裡曾寫道：「侍兒扶起嬌無力，始是新承恩澤時。雲鬢花顏金步搖，芙蓉帳暖度春宵。春宵苦短日高起，從此君王不早朝。」從這一刻開始，那個創建了「開元盛世」的唐玄宗已經不復存在，取而代之的是這個「貪戀美色，誤國誤民」的唐明皇。

傳聞說，楊玉環剛剛入宮的時候，也並不是那麼能放得開。畢竟這個臨幸自己的人是自己的公公，自己和他，於情於理都說不過去，因此平日裡總是鬱鬱寡歡。有一次，楊玉環和宮女們一起到後花園賞花，無意中碰到了含羞草的葉子，葉子一下子就捲縮了回去。這本來是極其普通的自然現象，但那些旁邊隨侍的人為了討好楊玉環，就說這是因為花草看到了楊玉環的美貌都自慚形穢，羞得不肯出來見人了。一番話把楊玉環逗得直笑，從此就留下了「羞花」的美名。

為了能常常讓這個「羞花的美人」多多展露她那「羞花的笑容」，唐明皇可真是想盡了一切的辦法，動了很多的心機。

唐玄宗知道楊貴妃喜歡漂亮，更喜歡新奇的東西。她自己平時所穿的衣服幾乎是日日換，很少有重覆的時候。為了

投其所好，唐玄宗特意從手藝好的裁縫裡挑出來七百多人。

這七百多人要幹什麼呢？就專門給楊貴妃做衣服。今天你設計一件，明天他設計一件。這件穿膩了，好，換另一件。反正這七百多人每天的正事就是絞盡腦汁地想出新樣式，以討楊貴妃的歡心。

這還算不得什麼，在唐玄宗討好楊貴妃的事裡，最著名的一件就是那被後人傳來傳去的「一笑」。為什麼叫一笑呢？就是因為下面這個小小的插曲。

話說楊玉環皮膚好，好到什麼程度呢？就是一捏就能捏出水來，簡直就是吹彈可破。這些都與她愛吃水果有關。而在眾多的水果之中，她對嶺南的荔枝可以說是情有獨鍾。但吃歸吃，不新鮮的她可是一個指頭都不會動的。

不過，嶺南離長安可是有著好幾千里的路程，那個時候又不像現在，飛機空運用不了一天的時間就到了，那時候的交通工具最快的也就是馬了。但這荔枝從樹上摘下來開始，最多只能保持五天新鮮，五天之後再吃，那味道就和剛採摘的時候不一樣了。唐玄宗認為自己身為皇帝，如果連自己的愛妃想吃新鮮荔枝的願望都不能滿足的話，那這皇帝當得還有什麼意思。

於是，一條從嶺南到長安綿延數千里的貢道就這樣被開闢出來了。這條貢道不做別的，就專門運送荔枝。

嶺南的地方官員收穫了荔枝之後，絲毫不能怠慢，立即

派人快馬加鞭地一路送到長安去。

路上採用接力的方式，通過驛站替換馳運，就這樣，當荔枝送到長安的時候，仍然和剛從樹上摘下來的味道是一樣的，又水潤，又新鮮。而楊貴妃在吃到這種荔枝之後，許久不出現的笑容也必將會出現在臉上，這就是傳說中「一笑」的故事。

著名詩人杜牧的「一騎紅塵妃子笑，無人知是荔枝來」的千古名句，也為荔枝這種水果打上了高貴的標籤，現在我們吃的荔枝品種裡，還有一種叫作「妃子笑」。

除此之外，還有一個名字也因為楊貴妃而變得聞名於世，那就是「華清宮」。這個本來由唐太宗李世民建造的澡堂到了唐明皇時期才由於這兩個人而變得出名。歷史上的華清宮是皇上的離宮，唐玄宗時候則成為了專門供唐玄宗和妃子們沐浴的地方。

浴池用文瑤密石鋪製而成，溫泉水從池中央的玉蓮噴湧而出。唐玄宗和楊貴妃最愛乘著小船在池子間遊玩、嬉戲。待兩個人洗完澡後，水流會順著兩邊的溝壑自行流出宮外。而那些皇帝、妃子在洗澡沐浴之時所佩戴的小珠寶首飾一類的東西，也會順著溝渠流出去。據說當時有一大批的閒散人員每天就守在外面等著這些東西漂出來，收穫也頗豐。

有一年的八月十五，唐玄宗和楊玉環來這地方遊玩，賞月的時候讚歎此地乃人間仙境，直到第二天仍然意猶未盡，

於是唐玄宗下令要在池子的西側專門建造一座「賞月臺」，好讓他以後每年都能與楊貴妃在這裡賞月觀花。只不過這座賞月臺因為後來的「安史之亂」而始終沒有建起來，如今也空剩一個遺址而已，但華清宮卻因此而聞名。

　　唐玄宗和楊貴妃在一起之後，以前所不為人知的一些才華都被激發出來了。他還創作了著名的《霓裳羽衣曲》，由楊玉環跳舞，而唐玄宗會親自為她伴奏。楊貴妃的舞姿優美，看得唐玄宗打從心眼兒裡喜歡。

還是得用自己人才放心

由於楊貴妃在皇上那裡得到了萬般的寵愛，俗語說：「一人得道，雞犬升天。」唐明皇愛屋及烏地對楊貴妃的家人也是頗為關照。她的兩個哥哥都因此當上了高官。

不只如此，楊貴妃還有三個姐姐，也是長得國色天香，唐玄宗自然不會放過這般好機會。他藉機將她們三人一併迎入京師，封為韓國夫人、虢國夫人、秦國夫人，每月各賜脂粉費十萬錢。這幾個姐妹輪番伺候君王，據說楊貴妃還為此和自己的姐姐們爭風吃醋，兩次被唐玄宗趕出宮去。只不過雖然有眾多美女相伴，唐玄宗最終放不下的卻只有楊貴妃一人，所以兩次趕走，兩次接回。沒人能取代得了楊貴妃的地位。

那個時候，宰相李林甫已經去世了。為了讓楊貴妃高興，唐玄宗重用了楊玉環的哥哥楊國忠為宰相。

楊國忠在人品上並不比他的前輩李林甫好多少，也是個宵小之徒。自己看得上眼，能拍自己馬屁的就多多使用。而向來和自己作對，與自己不和的則不委以重任。再加上當時的唐玄宗沉迷於和楊貴妃廝守，根本也無心朝政，因此楊國

忠幾乎是一手遮天。

有一次，天降暴雨，給老百姓造成了很大的災難。有些官員上報災情，說是災情嚴重，很多百姓都顆粒無收，損失慘重。唐玄宗問楊國忠是不是這樣，楊國忠卻沒有說出實情，而是加以瞞騙。他拿著一個飽滿的粟米穗給唐玄宗看，說：「陛下請看，這就是災區出來的莊稼，大雨非但沒有影響收成，反倒是讓莊稼得到了巨大的豐收。那些地方官無非是想藉這個機會從國家敲詐一些救災款，以便中飽私囊。」

唐玄宗聽了他的話之後，也沒有加以查證，並且深信不疑，不但沒有為地方撥出賑災的銀兩，還告訴吏部，如果再有這種謊報災情的官員，就以欺君罔上之罪加以論處。一時之間，朝廷政治混亂，人心惶惶。

這些累積下來，嚴重地影響了國家的經濟發展。而之前唐玄宗頒布的那個土地政策也在這個時候崩壞了。唐玄宗不以為意，仍然和楊貴妃日日醉生夢死，他為了討楊貴妃歡心而花費的大筆銀兩，更是在這個時候對國家經濟的崩潰起了雪上加霜的作用。一番折騰之後，國庫開始入不敷出。

由於政治的腐敗，地方部隊也都是任人唯親。一些有能力的人得不到聘用，而聘用的都是些官員的親戚、朋友，這些人大多都是紈袴子弟，地痞無賴，真正能打仗的沒有幾個人。

就算是這樣，唐玄宗也沒有覺察出他的大唐江山已經

「山雨欲來風滿樓」了，仍然在不當的時候向外發動了一系列的戰爭。一邊和西面的吐蕃關係惡化，開戰後互有傷亡，損害了歷來的和睦友好關係。另一邊和西南的南詔國由於邊境將領的驕橫跋扈，致使本該平息的衝突日益升級，結果唐朝徵兵和南詔開戰，先後戰死、病死的唐兵達二十萬之多。

在唐玄宗初期所建立起來的良好外交此時全都成了泡影，邊境安定的局面也最終被打破，以致後來被人乘機作亂，引發了「安史之亂」。

看，出大事了吧

　　要追溯「安史之亂」的源頭，還得從李林甫當政之時講起。

　　安祿山本為混血胡人，並不是中原人士。他三十歲之前一直混跡在邊疆地區，靠經商為生。三十歲之後，他當了兵，從此開始了軍旅生涯。

　　安祿山其人看外表膀闊腰圓，滿臉鬍鬚，很是粗狂，但內心卻狡點奸詐，兇狠毒辣，善揣人意。他與史思明兩人一同長大，形同兄弟。兩人打架勇猛兇狠，在為人處世上卻謹小慎微，善於察言觀色。因此，兩人在軍中沒多久就步步高升，漸漸地得到了唐玄宗的青睞，安祿山還官升節度史。

　　而這個安祿山也確實會做人，他看出來唐玄宗寵愛楊貴妃，因此在楊貴妃面前嘴就跟抹了蜜一樣的甜。雖然自己比楊貴妃大了足足十六歲，卻自願認楊貴妃為義母。從這之後，他對待楊貴妃真就跟對待自己親媽一樣，而且由於這個原因，他還能自由地出入禁宮，有的時候和楊貴妃面對著面地一起吃飯，甚至天色太晚就不離開了。但畢竟男女有別，時間一久自然也就有一些不好的傳言被百姓們議論紛紛。

　　而安祿山每次見唐玄宗和楊貴妃的時候，都是先拜見楊貴妃，才拜見唐玄宗。唐玄宗很不高興，怎麼說皇上也是我啊，哪有先拜貴妃的道理。因此責問安祿山。安祿山很是聰明，說：「我們胡人都是先拜母後拜父的。」

　　唐玄宗一看安祿山這麼尊敬自己的愛妃，心裡美得跟什麼似的，也就忘了要責罰於他的事情了。還有一次，唐玄宗看著安祿山胖乎乎的身子就想和他開個玩笑。問他：「胡兒這肚子這麼大，裡面都裝的是什麼啊？」

　　安祿山當時想都沒想就回答說：「只有一顆忠於陛下的赤誠之心。」皇上聽得更是高興不已，便越來越袒護他。

　　只是一山不能容二虎。那邊有楊貴妃的哥哥楊國忠，這邊又有寵臣安祿山。這兩夥人互相都看不上對方，安祿山更是對唐玄宗高看楊國忠一眼就感到十分生氣。他發現長安的兵力空虛，守備鬆懈。如果自己反唐的話，必有可乘之機。

　　當有人和唐玄宗說安祿山有謀反之心，唐玄宗卻怎麼也不肯相信。直到安祿山將守在漢陽的三十二名漢將全部撤換成自己人，唐玄宗才對他起了疑心，但已經為時已晚。

　　天寶十四年（西元755年）十一月——安祿山打著討伐楊國忠的旗號，帶領十五萬大軍發動叛亂，史稱「安史之亂」。次年，安祿山在洛陽稱帝，準備一路向西挺進直取長安。

　　而這個時候的楊國忠依然怕被別人搶了風頭，因此慫恿

唐玄宗親自指揮戰鬥。此時此刻的唐玄宗早就不是當年那個英勇無比，勇往直前的年輕小子，對於領兵打仗早就已經荒疏多年。因此，唐朝的軍隊遭到重創，唐朝的關卡一路失守，叛軍眼看著就要攻入長安。

　　唐玄宗此時已經沒了主意。楊國忠勸說他放棄長安，帶著一干人等退往四川避難。沒辦法，唐玄宗只得依此計策。

　　沒想到跑到咸陽的時候就發現那裡的地方官早就扔下百姓跑路了，也沒人管他們這一行人的吃食。最後還是百姓拿著高粱等粗糧給皇上吃，玄宗吃著難以下嚥的食物，想著昔日的輝煌，淚流滿面。

　　走到第三天的時候，一行人來到了馬嵬坡。一幫人在此次旅途中受盡了苦累，所有的憤懣全都撒到了楊國忠的身上。大家認為，如果不是楊國忠隻手遮天，嫉賢妒能，國家也不至於如此。因此，由龍武將軍陳玄禮為首的將士都圍到了楊國忠的身邊，討要吃喝。

　　楊國忠哪見過這種場面，一時之間驚慌失措，險些從馬上跌落下來。將士趁此機會將其一把拉至馬下，大聲叫喊：「楊國忠要謀反」後，將他亂刀砍死，梟首示眾。

　　殺紅了眼的將士又將唐玄宗和楊貴妃的住所也團團圍住。唐玄宗看到此情此景沒有辦法，只好親自出來勸慰眾將士，將士們群情激憤，哪裡容得他說什麼，都大聲吵著，如果不殺了楊貴妃，就休想要他們為皇上護駕。

　　唐玄宗聽得心裡直疼，連忙替楊貴妃辯解說，她長年久居深宮，外面的政事她一概不理，哪有該死的道理。但眾將士不聽，一定要皇帝殺死楊貴妃才肯甘休。

　　唐玄宗左右為難，思前想後，覺得與其讓這些人殺了楊貴妃，不如讓她自行了斷，也可保得全屍。想到此，不禁流著淚對高力士說：「賜她自盡吧。」

　　楊貴妃接到聖旨之後，先是驚恐，但過了不久就恢復了平靜。想到昔日兩人恩愛種種，如今不過是鏡花水月，此刻這個曾經口口聲聲深愛著自己的男人為了自己能夠活命，可以放棄自己心愛女人的生命，自己還能說些什麼呢。也罷，不如死去。

　　但她心裡仍然深念著唐玄宗，願以死換取他的活命。臨死之前，她應聲跪地，向唐玄宗所在的方向拜別：「妾身從此就與陛下天人永隔了。」之後，她自縊而死。這之後，眾人才肯保護唐玄宗繼續逃亡。

　　西元763年，持續了七年多的「安史之亂」總算是有了完結，可是關於楊貴妃的死，在民間有很多的說法。有的說她流落民間，有的說她遠走美洲，甚至還流傳著楊貴妃逃到了日本的說法。在日本的山口縣還有所謂的「楊貴妃之鄉」，甚至還有人出面說自己是楊貴妃的後人。

　　當然，這些都只是民間傳聞，不足為信。我們如今能得到的史實，就是楊貴妃死在了馬嵬坡，這段歷史上轟轟烈烈

的翁媳戀在那一天悄然謝幕。而唐玄宗也在那一天退出了歷史的舞臺。

如果唐玄宗不是在晚期沉迷於女色，而是繼續勤於國事的話，歷史就會得到改寫。但歷史就是這樣，它一旦形成，就沒有人能夠讓那段歲月重新來過。

這一場戰亂使唐朝後期的藩鎮割據局面形成，經濟受到了嚴重的打擊，外族對唐朝的騷擾日益嚴重。從此唐朝的國力被嚴重地削弱，國運因此由盛轉衰。而唐玄宗也在對楊貴妃的思念中死去，一代帝王就這樣結束了他前半生輝煌，後半生荒誕的鬧劇。

古人常常願意用「蓋棺定論」來衡量一個人的成與敗。但這些在唐玄宗的身上都並沒有得到印證。即使到了現在，大家對如何評價唐玄宗仍然有著很大的爭議。有人說他開創了「開元盛世」，自是功大於過。但也有人說唐朝自他開始走向衰亡，因此過大於功。

但歸根結底來說，歷史都是由勝利者來書寫的，真正的歷史早隨著經年的歲月湮滅於塵土之中，留給後人的只是無盡的想像和傳說。

第七章

其實我是個詞人
——南唐後主李煜

李煜並沒有心存當皇帝的念頭，
只是想每天賞賞花，遛遛鳥，寫寫詞，
和自己喜歡的女人花前月下。
不幸的，他生在了帝王之家，
又被命運捉弄般地當上了皇帝，
接手了一個被父親弄得千瘡百孔的爛攤子。
而他本人也著實沒有治國之才。
生在帝王之家，是他的不幸，卻是好詞之人的大幸。

南唐後主
李煜

身分：南唐第三任皇帝
生卒年：西元937年～西元978年
父母：李璟、鐘氏
愛好：寫詞
座右銘：國家事小，寫詞為大
上榜原因：只想每天吟詩作對，才不願意
　　　　　當什麼皇帝，好麻煩啊！

如果突然提到南唐後主可能很多人都會有點茫然，提到李煜，會有很多人只是覺得耳熟，但是如果提到那首膾炙人口的《虞美人》那麼大家就會有恍然大悟的感覺。

「春花秋月何時了，往事知多少？小樓昨夜又東風，故國不堪回首月明中。雕欄玉砌應猶在，只是朱顏改。問君能有幾多愁，恰似一江春水向東流。」這是李煜流傳最廣的一首詞。詞中用委婉曲折的筆觸寫出了一個亡國之君對往昔的追思和懷念。

這首千古絕唱讓李煜成為被世人所熟知的詞人，但也正是這首詞，讓他丟了性命。

李煜是個才華橫溢的人。生在帝王之家，是他的不幸，卻是好詞之人的大幸。原本他並沒有當皇帝的念頭，只是想每天賞賞花，遛遛鳥，寫寫詞，和自己喜歡的女人花前月下。但不幸的是他生在了帝王之家，又被命運捉弄般地當上了皇帝，接手了一個被父親弄得已經千瘡百孔的爛攤子。而且他本人也著實沒有治國之才，小情小性有，但大思大量卻缺乏得很，因此，這些國家大事每天都把他弄得焦頭爛額，根本是「一腦門子的官司」。

他生於帝王之家，有過大富大貴、驕奢華麗的生活；亡國之後，又過著被人囚禁的日子。在如此的情境之下，他方能寫出那種字字泣血的詩詞，讓讀者傷心，聞者流淚。

雖然他在政治上極其失敗，卻在詞壇上留下了一篇又一

篇的不朽詞作，被人稱為千古詞帝。

　　中國著名的國學大師王國維曾經在自己的《人間詞話》中這樣寫道：「詞至李後主，而眼界始大，感慨遂深，遂變伶工之詞而為士大夫之詞。周介存置諸溫、韋之下，可謂顛倒黑白矣。」可見世人對他在詞作上的肯定。

　　不過說到底，他的第一職業始終是個皇上，詞人什麼的本來應該是個業餘愛好。但他卻本末倒置，弄反了兩樣的先後順序，以致國家在他的靡靡之音中破敗而亡，對於他的祖先和南唐的百姓來說，他是一個千古罪人。

　　如果評選古今最不務正業的皇帝，他一定可以上榜。就是因為每天沉迷於詩詞曲賦，過著醉生夢死的荒誕生活，他才會成為一個亡國之君。

　　這一章的故事，就讓我們走進這個亡國的皇帝詞人的生活，去感受他的喜怒哀樂。

不幹也得幹

　　西元937年農曆七月七日，乞巧節，李煜就在這一天出生了。這個時候，他還並不是皇孫，只是一個地方豪族的後代，也就是說，他並非一出生就是帝王之家的人。

　　他剛出生的時候還不叫李煜，而是叫李從嘉，這個名字是他的爺爺給他取的，嘉是好的意思，這個名字裡包含了他爺爺對他的期望，就是希望他未來遇到什麼事情都能夠順順利利的，能夠給李家帶來好運。

　　可能小李從嘉的誕生真的給他爺爺帶來了好運，在他出生三個月之後，也就是同年的十月，他的爺爺李昇就從吳國手裡把皇位奪了過來，自己登基當了皇上，建立了五代十國中的南唐。

　　想是正應了李煜出生日期的「巧」字，短短的一夜之間，他就從一個富三代變成了帝三代。

　　而且由於他爺爺認為是小李從嘉的誕生給他帶來了福氣和運氣，因此，對小李從嘉的疼愛自然就比別人多了那麼一點點，可以說是集萬千寵愛於一身，但也因為這樣，反而造就了他性格上的軟弱、溫順，這些也成為他日後悲劇的根

源。

我們在這本書中已經說過很多次了，古代的帝王都是由長子嫡孫繼任。而李從嘉是他爸爸李璟的第六個兒子，從正數，從反數都沒有他當皇帝的份兒。當然了，他本來也就沒有這個打算，當皇帝多累呀，要操的心真多，哪有成天看書寫詞來得自由啊。

所以他也就樂得清閒，壓根就沒有想過像其他朝代的帝王之後那樣，為了個破皇位打得頭破血流，兄弟反目。

其實在李璟要當上皇帝的時候，就和自己的父親也就是李從嘉的爺爺保證過，以後自己會把皇位傳給弟弟李景遂。但後來他想到自己的兒子，就有點變卦了。為什麼不能把位置傳給自己的親生兒子呢？於是，他便立自己的長子李弘翼為太子，自此之後，絕口不提讓位給弟弟的事。

但李弘翼一點都不爭氣。這個皇位本來應該是他當定了的，因為李璟雖然生了很多個兒子，但除了李弘翼和李從嘉之外，全部夭亡了，因此可以說如果他表現得中規中矩的話，這個皇位就是他的囊中之物。

不過他實在是太小心眼兒，老是害怕這個人或者哪個人搶了他的皇位，周圍能對他的皇位繼承構成威脅的人他統統都不想放過。

李從嘉很瞭解哥哥的性格，為了能過安全的日子，他從來不過問政事，成天就是遊山玩水，寫詞作詩，寄情於山水

之間。

　　他還給自己取了一些別號，什麼「鐘峰隱者」啊，「蓮峰居士」啊，藉此向他的哥哥明志：「你看好了，我可不想跟你爭什麼皇帝之位，我就想舒舒服服地過我自己的小日子，旅個遊，寫個詩什麼的。」李弘翼雖然對他也有諸多猜疑，卻始終沒有對他下手。

　　李弘翼剷除對自己不利的人的行為激怒了他爸爸李璟，他把李弘翼叫到自己身邊訓斥他為人太獨斷專行，殘暴不仁，再這樣下去，自己還真就不放心日後把皇位傳給他。如果他不改改自己的脾氣的話，李璟就把他這個太子給廢掉，改為遵行之前的諾言，立自己的弟弟也就是李弘翼的叔父為繼承人。

　　這話不說還好，一說更激起了李弘翼的怒氣：「你想傳位給叔叔？好，那我就把叔叔先弄死，你不讓我坐皇位，我就讓你有皇位沒人坐。」一不做二不休，他當即就決定要想辦法把自己的叔叔弄死。

　　沒過幾天，他就派人給自己的叔叔送了杯毒酒，神不知鬼不覺地把自己的叔叔給除掉了。這件事做得乾淨俐落，並沒有給自己留下話柄。

　　但俗話說得好「不是不報，時候未到」，所謂「善惡終有報，天道好輪迴，不信抬頭看，蒼天饒過誰」，毒死自己的親叔叔沒多久，李弘翼自己也突然暴亡了，南唐王朝的兩

位繼承人相繼死去，朝廷內外一下子全亂了陣腳。

李煜的爺爺在位的時候，雖然認為自己是李唐的正宗傳人，並且把國號定為「唐」，但他並沒有唐朝開國皇帝的那種魄力和膽識，也並不想結束當時的戰亂局面，統一天下，只想要偏安一隅，守住自己這一小塊地方就心滿意足了。因此，那個時候的南唐一直以發展經濟為主，國家倒也安定富庶。

到了李煜的父親繼位之後，國家發生了重大的改變。李璟是個好大喜功之人，本身沒有什麼雄才大略，卻偏偏想成為一代開疆拓土的帝王。因此大力向外擴張，一時之間，南唐的地盤擴大到了三十五個州縣，也算是盛極一時。

但有了這麼大的地方，李璟一下子就傻了眼，他哪有治理這麼多地方的能耐啊。

一連串的吞併最終把自己弄成了消化不良，內憂外患極其嚴重。而就在這時候，他又遇上了自己的冤家對頭——後周的皇帝柴榮。

這個柴榮和李璟不一樣，人家是個有學識、有膽識、有見識的人，也算是一代明君吧。柴榮看出這個時候的李璟已經自顧不暇了，因此開始了征討南唐之旅。

李璟被柴榮打得沒了脾氣，只得將自己三分之一的土地拿出來給了柴榮，就為了換得一個太平日子，讓自己喘口氣。甚至做出決定要把國家的都城從金陵（今日的南京）遷

往南昌，好避開柴榮這個「混世魔頭」。

　　沒想到這一搬家，倒要了李璟的命。搬到南昌沒多久，他就因為水土不服感染了重病，不到一年就駕鶴西遊了。

　　前面我們也說了，李家只剩下李從嘉這一根獨苗了。這個時候的李從嘉給自己改名叫李煜，藉「日以煜之畫，月以煜之夜」之義，想給自己討個好兆頭。

　　就這樣，李煜在沒有辦法的情況下當上了南唐最後一任皇帝。可以說是受任於敗軍之際，奉命於危難之間。

　　在別人看來這可能算是一齣反轉喜劇，但對於李煜來說，卻是個不折不扣的悲劇開端。其實李煜對於當這個皇帝，心裡面一千個、一萬個不願意。

　　這從他之前寫的幾首詞裡就能看出一二。在《漁父》裡，他寫道「浪花有意千重雪，桃李無言一隊春。一壺酒，一竿綸，世上如儂有幾人？」從這首詞中不難看出李煜本身對於自由的嚮往。

　　過無憂無慮的生活恐怕是他一生的夙願，卻到死都未能得償所願，不得不說是造化弄人，在你不想要某樣東西的時候，偏偏要給你某樣東西。

宿敵啊宿敵

其實在他登上皇位之前，後周也發生了翻天覆地的變化。在柴榮把李璟打得屁滾尿流，退居南昌之後，他自己回到開封竟然也一病不起。

他於李璟死的前一年，也就是西元960年，先走一步去見了閻王。比南唐還慘的是，繼位的小皇帝才剛剛七歲。

說來也巧，要不怎麼說人不順喝口涼水都塞牙呢？柴榮死了沒多久，也就是春節期間，契丹族竟然大舉進犯邊境，七歲的小皇帝哪有什麼主意啊，他媽媽也就是當朝的太后更只是一介婦人，不懂用兵打仗。

這個時候，有個叫趙匡胤的人成了大家的主心骨。他點齊兵將，北上迎敵。一個晚上的時間，軍隊就走到了開封背面的陳橋驛，趙匡胤下令在此休息。

晚上，趙匡胤迷迷糊糊地睡了好久，不知是什麼時辰，就聽外面亂成一團。出去一看，才知道是弟弟趙光義帶著眾將士跪在帳前，希望他能夠當皇帝。

沒等趙匡胤做出什麼反應，弟弟就把黃袍加於他的身上，推辭不得，最後只得應允。這就是歷史上著名的「陳橋

兵變」。

這之後，趙匡胤沒費一兵一卒就奪了柴家的天下，自此，史上再無後周，北宋從此應運而生。

花開兩朵，各表一枝，咱們還是閒話少敘，再回到南唐這一邊看看。

前文也提到，在西元961年，李煜的父親李璟步了柴榮的後塵，追隨他而去。時年二十五歲的李煜當上皇帝之後，吸取了他父親的教訓，知道以自己當前的國力妄自向外訴諸武力是完全不可取的。而且國庫由於之前被他父親揮霍過度，已經有入不敷出的趨勢。

於是他想，還是對已經改號易主的後周，也就是現在的大宋王朝俯首稱臣比較好，這樣既可以讓自己的百姓休養生息，又可以讓自己有時間整理一下頭緒，畢竟剛當上皇帝，不懂的事情太多，需要些時間熟悉一下。

但宋太祖趙匡胤可不想給南唐喘息的機會，仍然加緊攻城掠地。

李煜實在是沒有辦法，只好繼續低眉順眼地討好，每到過年過節的時候都不忘了給宋朝進貢，甚至在宋朝攻打其他國家的時候，還大力地支持，毫不吝惜地送錢送物，資助趙匡胤的統一大業，為此國庫又被大大地掏空了。

史書上常說南唐後主李煜「生於深宮之中，長於婦人之手」，因此脂粉氣過重。繼位之初他也想過以朝政為主，但

主事一段時間後，南唐非但沒見什麼起色，反而更加衰頹下去。

李煜付出了辛苦卻沒有得到收穫，不禁對帝王生涯更加厭倦，而且激起他想發展業餘愛好的念頭。

李煜本就是一個多才多藝的人，不只是詞寫得好，還擅長書畫，在歷代書法的基礎上融會貫通，甚至還推陳出新，發揮出自己的極致，創造出了自成一體的「金錯刀」書法。

不僅如此，他還專門寫了幾篇文章來論述書法，一篇叫《書評》，還有一篇叫《書述》。文章遣詞造句都堪稱精良，立論得當。

李煜的畫作也很出色，特別擅長畫墨竹，只不過可惜的是，當今已經沒有他的畫作流傳下來，這不得不說是一件憾事。

李煜在書法和作畫上講究「好馬配好鞍」，也就是說他寫字作畫時對他的畫具和書法用具都極其講究。

當時有個叫奚廷珪的人，對墨特別有研究。李煜為了賞賜他，特地將自己的李姓賜給他，他就是歷史上有名的李廷墨的創始人。

當時他的墨有「黃金易得，李墨難求」的雅號。他還發明了澄心堂紙。

而李煜本來就對這些東西感興趣，為了能夠造出自己喜歡的紙，他可以說是煞費苦心，在澄心堂紙上投入了大量的

心血。

　　他甚至親自穿上工匠的圍裙，為李廷當起了下手，和這些工匠同吃同住，同入同進，一起研究探討，終於在他的不懈努力下成功生產出第一批澄心堂紙。

　　看看吧，他的所有精氣神都用在這些地方了，哪還來的精力和腦力去研究怎麼當好皇上呢？

　　所以說，雖然上面說的那些都是他作為一個文人好的一面，但從做皇上的角度來看，就不得不說他是「不靠譜」的了。

兩個美女老婆

　　從這本書中很多個皇上的生平，我們就可以看出來，每個昏君的背後都至少有一位女性或者男性角色，對他們荒廢朝政起著推波助瀾的作用。就像董賢之於漢靈帝，楊玉環之於唐玄宗。我們這篇故事的男主角一生當中，也有兩個讓他寵之不盡的女人，就是娥皇大周后和其妹妹小周后。

　　周娥皇在十八歲那年就被李煜的父親賞賜給李煜。史書上記載：娥皇嫻靜聰慧，氣質高雅；長得花容月貌，膚白似雪，眉彎似月，唇小似櫻，腰細如柳，以天仙般的容貌壓倒群芳；她詩畫雙絕，能歌善舞。她的歌喉，她的舞姿，她的一手好琵琶，都使六宮粉黛望塵莫及。不僅如此，她還通曉史書，精諳音律，采戲弈棋，靡不妙絕，真可謂蕙質蘭心。大家說說，誰有了這麼一位漂亮媳婦還有工夫去理什麼朝政不朝政的，能夠和美人夜夜相隨才是李後主最大的心願。

　　兩個人可以說是志同道合，琴瑟合鳴。為了陪著李煜一起玩讀賞樂，兩個人還一起根據殘譜整理出了楊貴妃那首著名的《霓裳羽衣曲》，使這首已經失傳的曲子得以重現人間。為此，李煜還特意找人排演了這一段舞蹈。

那一天，嬪妃們個個裝扮得花枝招展，楚楚動人，就是為了赴後主李煜為《霓裳羽衣曲》的排演而安排的「夜宴」。宴席之上笙簫齊奏，優美的樂聲繞梁三日而不絕於耳，眾人在如詩如畫的演奏中如癡如醉。

一遍演奏結束後，大家依然意猶未盡，於是李煜下令把之前演奏的曲目再重新演奏一遍，以滿足人們的「愛樂之情」。

在宴席之上，李煜還安排了專門負責焚香的宮女。她們用叫作「把子蓮」、「三雲鳳」等種種名目的東西將香味吹向大殿之中。為了不讓香味太過刺鼻，香料事先還用一種叫作鵝梨的東西蒸過。

於是，在大殿之上，一群絕色女子在中間輕歌曼舞，下面各色人等都醉心於音樂和舞蹈，更有一絲絲淡淡的香氣從四處隨風飄來，時濃時淡，若隱若現，更加深了眾人的陶醉之意。而看此時的李煜，拉著周娥皇的手，扶欄而坐，手和著樂聲的節奏拍打著欄杆，一臉沉醉的模樣。這些景象在李煜前期的詞中，都可見一斑。

那個時候的南唐，就和曾經的南北朝時的陳國一樣，處處歡宴，處處繁華。可以想像我們的李煜皇帝為了歌舞青春可是付出了不小的代價啊。

從以上的描述中，我們能夠看出，南唐後主李煜也像很多末代皇帝一樣，過著豪華奢侈的生活，而且不以為恥，反

以為榮。更是用自己的那些和當皇上八竿子都打不著的愛好為自己腐化的生活「添磚加瓦」。

當然，李煜不覺得自己的這種窮盡奢華和以前那些昏君相似，因為在他的眼中，那些人過著就像是暴發戶般的生活，即使大講排場，華麗非凡，卻都透著一股子俗氣，只有他李煜是與眾不同的，因為他是個文人，是能登得上大雅之堂的。

這從一件事上就能夠看得出來。

在後期，有一個北宋的將領得到了李煜的一個寵妃。那寵妃每到家中點燈的時候，就會閉上眼睛說：「有煙氣。」沒辦法，下人只能換上蠟燭。

可是那個寵妃卻更加不高興了，說：「這樣不是煙氣更重嗎？」

將領沒了主意，他哪遇到過這麼難伺候的主兒啊，迷惑地問道：「妳在南唐的時候晚上都不點蠟燭？不上燈啊？」這個寵妃只說了一句話，北宋的將領就再也說不出一個字來。寵妃說的是，南唐宮中只要一到夜晚，就會掛起一顆碩大的夜明珠。珠子光亮四射，可以照亮整個皇宮。

當然，這只是個傳說，本身也應該是後話。放在這裡說就是為了讓大家知道李煜雖然也鋪張浪費，但人家卻把錢用在了營造氣氛之上，這和那些只知道造房子、園子的昏君是不一樣的。比如後蜀的那個皇帝孟昶，竟然用黃金和寶石鑲

嵌了一個夜壺，和他比起來，李後主還真高了許多。

不過，也正因為李煜凡事都追求個「雅」，導致在心理上形成了一種病態。因為我們知道，不管你追求什麼東西，都得有個限度，所謂過猶不及，超過了這個限度，就不是那麼回事了。

在李煜的宮中，有一個擅長跳舞的嬪妃叫窅娘。特別是能把《霓裳羽衣舞》跳得美妙絕倫。為了達到李煜嚴格的水準要求，窅娘不惜犧牲自己的雙腳，將它們纏成新月的形狀。李煜看得十分喜歡，還特地為她造了一座黃金蓮台。

蓮台的四周纏繞著珠寶、瓔珞，華美異常。她就在正中間的蓮花上跳舞，體態婀娜、步履輕盈、嬌態可人，就好像在雲海微浪之上起舞一樣。當時還有人寫詩讚揚這一景象道：「蓮中花更好，雲裡月長新。」

據說從這天開始，民間很多女子都紛紛效仿纏足，竟然成就了這種病態的審美觀，甚至逐漸演變成一種習俗。此後一千多年間，中國的女人們在身體上和心靈上都受到了嚴酷的摧殘。不知道這個罪過應不應該算到李煜這個皇帝的頭上。

扯了這麼遠，我們接著把眼光放回到大周后的身上。之前說到大周后，提到了她使那首著名的《霓裳羽衣曲》得以復生，但當時有人說她的修訂版本將最後結尾處的緩慢結局改成了急促結局，這種不合常理的做法顯然有著不好的預

示。

事實恰好印證了大家的猜想。在大周后修訂了曲子之後沒有多久，就得了罕見的重病。

病來得十分突然，沒有人知道為什麼會這樣。而且俗話常常說「福無雙至，禍不單行」，就在這個時候，大周后為李煜生下的小兒子，也是他們最疼愛的兒子李仲宣竟然也身染疾病，宮裡的御醫看過之後都找不到醫治的法子。可憐這個孩子才四歲，就離開了人世。

這個打擊對大周后來說太沉重了，這就更加重了她的病情。李煜看到愛妻病至如此地步，更加無心朝政。每天就是守在老婆的身邊，端茶倒水，餵湯餵藥。

大周后的日常飲食都由李煜一手負責，不管是湯藥還是膳食，李煜都要自己先嘗上一口才會送到老婆的嘴邊。可以說是「衣帶漸寬終不悔，為伊消得人憔悴」。

但就算他如此精誠所至，卻也沒能換得金石為開。大周后還是在乾德二年的十二月離開了李煜，離開了她鍾愛一生的男子，終年只有二十九歲。據傳，從此之後李煜整個人都形如枯槁，沒有了半點生氣，就像一具行屍走肉。

他還為大周后寫下長篇的誄文：「花凋世外春。未銷心裡恨，珠碎眼前珍，又失掌中身……」言辭悽楚動人，在結尾還署名為「鰥夫煜」。而且這種悲傷的情緒據說在李煜的後半生中一直伴隨其左右，即使許多年過去了，他的夢中依

然還都是大周后的影子，並由此留下了許多佳作。

看吧，多麼感天動地的愛情故事。作為一個皇上，一生鍾情於一個女人，甚至愛到在此女亡後多年還能念念不忘的地步，百姓尚且做不到，更何況生活在軟玉溫香中的一介帝王！

所以說，歷史總是有很多的欺騙性，特別是詩詞中的欺騙性。那些情真意切、字字珠璣的詩詞甚至能夠達到催人淚下的效果，但事實上卻只是個虛假的故事。

比如寫出了「十年生死兩茫茫」的蘇軾在妻子死後沒幾年就接二連三地再娶，寫出了「曾經滄海難為水，除卻巫山不是雲」的秦觀更是一個處處留情的種子。那麼，李煜的這些詞作以及他對大周后的愛是否真如傳說中那樣呢？

答案恐怕會讓很多人失望。

在大周后病重的時候，她的妹妹到宮中去探視大周后。其妹也是出落得花容月貌，那相貌就和大周后初入宮中之時頗為相似。唯一不同的是，此時的她比姐姐更年輕，更有活力。更何況姐姐還躺在病榻之上，一臉的病容，自是和她無法相比。

李煜初見她時就驚為天人，一見鍾情。而這個大周后的妹妹性情卻與姐姐大不相同，並不像姐姐那般穩重矜持，而且還喜好奢華。之前她眼見著姐姐嫁於南唐皇帝成為一國之母，心裡早就已經由羨慕到忌妒，覺得自己在容貌上並不輸

給姐姐，為何不能落得個飛上枝頭變鳳凰的好處？

此時看到李煜看她的眼神，心裡也就明白了大概。於是，在對李煜的明推暗就下，兩人共度良宵。第二天，李煜回想起當時的情景，心裡還止不住地激動，遂將當時的心情寫下來，成就了一首《菩薩蠻》。詞中寫道：「花明月暗籠輕霧，今宵好向郎邊去。襪步香階，手提金縷鞋。畫堂南畔見，一向偎人顫。奴為出來難，教君恣意憐。」

這首詞寫得香豔露骨，惹凡人喜愛。當時宮中一些人還廣為傳唱，以至於這個八卦故事在民間也大為流傳。大家都知道皇上在自己老婆生病的時候搞上了自己的小姨子。而李煜也還算有點良心，告訴自己的小姨子說：「妳姐姐如今病重，經不起打擊。如果讓她知道妳和我的事情，難免心生難過。我們還是忍一忍吧。」但是，這「妻不如妾，妾不如偷，偷不如偷不著」，兩個人越是見不著面，忍著憋著的，就越是想念對方。於是，也顧不了太多了，他們開始公然偷情。

每天，李煜都和自己的小姨子一起把酒言歡，你打板來我唱曲，過得很快樂。小姨子不勝酒力，喝了幾杯之後，臉蛋已現潮紅之色，身體更是軟塌塌地依偎在李煜的懷裡，弄得李煜心裡癢癢的。他當即作出一首《一斛珠》，用了短短的幾句「晚妝初過。沉檀輕注些兒個，向人微露丁香顆。一曲清歌，暫引櫻桃破。羅袖裛殘殷色可。杯深旋被香醪涴，

繡床斜憑嬌無那。爛嚼紅茸，笑向檀郎唾。」就將自己和小
姨子飲酒歌唱，及平日間的情趣一齊描寫出來。

外面都傳開了，大周后還能不知道嗎？這李煜白天時而
去大周后那裡充充樣子，晚上則夜夜幽會小姨子，什麼朝政
都扔在了腦後，更別提其他的那些妃嬪了。因此，也遭到了
眾妃嬪的忌妒。

李煜偷情就偷情，竟然還把偷情的一幕幕落到筆上，用
華麗的詞藻將它書寫出來，能不落人口實嗎？這些妃嬪借著
去探望大周后的當下，就把這兩首詞拿給大周后看。

大周后起初並不相信這是真的，只當是這些妃嬪為了加
害她，故意拿這些東西來刺激她的。直到有一天，她妹妹又
來探望她。她問出了一直憋在心裡好久的疑問。但其實也只
是個隨口的問題，就是問妹妹來宮中有幾天了。

妹妹也沒什麼心眼，不知道姐姐意在試探自己，於是說
自己已經來了好幾天了，但每次來，姐姐都處於昏睡之中。

大周后一下子就明白了。還需要什麼證據嗎？什麼都不
需要了。在自己病重之時，自己的夫君不在自己的身邊陪
伴，還扔下朝政不理，只是為了和自己的妹妹私會。天下間
還有如此傷人的事情嗎？

這之後沒幾天，大周后就撒手人寰了。自己最愛的男人
和最親的妹妹在自己最難的時候同時背叛了自己，這是多大
的委屈和打擊。在這雙重的打擊之下，她病情加重，一怒而

死一點都不難理解。因此，大周后死後，南唐後主李煜的種種做法，其實更像是自己愧對前妻的表現。

在大周后死後沒多久，李煜就迫不及待地想將小姨子正式娶過門。無奈，李煜的母親又在不久之後去世。我們都知道，古代孝子要為先人守孝三年，方能嫁娶，因此，兩個人盼星星、盼月亮般地盼到了西元968年。

這次迎娶皇后，是南唐史上最盛大的一次，也是最後一次，同時還是第一次給在位的君王娶媳婦，因此這次迎後大典得到了前所未有的重視。

整個金陵城鼓樂喧天，鞭炮齊鳴，盛況空前，為了看皇帝娶媳婦兒，造成了萬人空巷的景象。

婚禮的第二天，李煜設宴款待群臣。其實這些大臣都知道，大周后去世之後，這小周后就一直住在宮裡，兩人雖然沒有夫妻之名，卻早有夫妻之實。如今這種大排場完全只是給小周后一個交代，也是為了在群臣和百姓中證明自己和小周后之間是名正言順的。

因此，眾位大臣在寫賀詩的時候都夾槍帶棒、陰陽怪氣。說得好聽點叫恭賀，說得不好聽就是借恭賀之名，極盡諷刺之能事。可見李煜當時這種荒唐的做法讓很多大臣都極為不滿。

從這時候開始，李煜更是不問政事。失去了大周后之後，傷心、內疚的李煜體會到了人生苦短，覺得做人就應該

及時行樂。因此，不管什麼時候，他都和小周后一起到處去遊山逛景，踏遍金陵的每一個地方。

這小周后在才貌上均不輸於自己的姐姐，而且還比姐姐年輕、健康，因此李煜對小周后的寵愛比對大周后更甚。

為了她，李煜派人用百花做出一個亭子，用紅羅做帷帳，用玳瑁別起來，精雕細琢，華美非凡。但是這個亭子很小，小到什麼地步呢，就是只能裝下兩個人。

這兩個人就是李煜和小周后，兩人有事沒事就躲在這個小亭子裡飲酒對詩，唱歌賞月，享受著屬於二人的私密世界。

傳說小周后特別喜歡青碧色的衣服，但她使用青碧色是很有講究的。顏色必須符合自己的標準，因此，她覺得民間染的那些顏色自己都無法接受，因為根本就不是純正的青碧色。

於是，她開始自己動手染絲帛。有一次她把這些絲帛拿到園子裡去曬，竟然忘記收回，絲帛整個都被露水打濕了。

第二天，小周后看到被露水打濕的絲帛卻欣喜異常，因為那個顏色正是自己心中所想像的顏色。這種染布的方法在宮裡傳開了，整個宮中上到妃嬪，下到宮女，都穿著用這種方法染製的布匹，還給它取了個好聽的名字，叫「天水碧」。

眾大臣都認為「天水碧」這個名字實在是太不吉利了。

為什麼這麼說呢？在那個時候，「天水」是趙姓的郡望，「碧」又與「逼」字同音，有逼迫的意思。這意味著一直對南唐不懷好意的趙氏家族，宋朝的天子趙匡胤是不會坐視南唐這個坐擁江南重鎮的「肥羊」不管的，因此，此名字預示著李煜在未來的日子裡，是不可能安安穩穩地過著他神仙般日子的。

　　這種迷信的說法，沒想到在不久之後，就得到了應驗。

你不輸誰輸

前面我們提到，李煜剛從他老爸那得到皇帝位置，就感受到了來自於大宋皇帝趙匡胤的威脅，雖然嘴上不說，但心裡還是忌憚幾分的。

因此，為了能過安穩日子，就每年給宋朝進獻大量的貢品，以換取暫時的苟且偷生。而那個時候的宋朝正忙著一統天下的戰爭，還顧不到南唐這個國家。何況每年從李煜那裡得來的金錢、物資，對於趙匡胤的統一大業還是頗有助力的，因此，彼時的趙匡胤對於南唐和李煜還是持著睜一隻眼閉一隻眼的態度。

而且從李煜這方面來說，他知道，打仗，自己是萬萬不行的，和那個統一天下如破竹之勢的大宋硬碰硬無異是以卵擊石。但自己爺爺和爸爸的基業，如果就這麼拱手送人，心裡又十分不甘，因此，他最後一咬牙一跺腳，自降身分為「江南國主」，表明自己的心跡。

李煜的這個做法其實很明顯地想告訴趙匡胤：「我並不想當什麼皇帝，也不想和你爭天下，如今降是不能降，但我可以自降為宋朝的屬臣。」

　　趙匡胤倒也沒說什麼，就是三不五時想讓李煜來上朝。他心裡想，你都自願稱臣了，我要你來上朝那不是正常嗎。但李煜每次都推三阻四的，說什麼自己身體不好，不適宜長途旅行。反正就是不管你怎麼說，我就是堅決不去。

　　李煜心裡知道自己一旦去了大宋的都城，勢必會讓人當成人質逼南唐投降，南唐也就徹底完蛋了。

　　但李煜千算萬算，就沒算準這趙匡胤到底是個什麼人。趙匡胤身為宋朝的開國皇帝，滿腹的雄才偉略，那是一個「臥榻之側，豈容他人酣睡」的主兒，怎麼可能留著南唐這麼個小國在自己一統天下的宏偉藍圖上呢。

　　因此，李煜這個文人思維的皇帝根本沒辦法理解趙匡胤的想法，也對趙匡胤對南唐做出的一系列小動作絲毫沒有察覺，仍然做著他的黃粱美夢。

　　他甚至對自己的文武百官說：「一旦宋軍打過來，我就會親自上陣禦敵，以保南唐的半壁江山。如果吃了敗仗，我就自殺殉國。」這話傳到趙匡胤的耳朵裡，趙匡胤也只是微微一笑，毫不放在心上。因為他知道，以李煜那種膽小、懦弱的性格，是萬萬不會求死的。但他在此件事上，未免也有些小看了李煜。

　　西元974年，趙匡胤的統一大業基本已經完成，江南只剩下南唐還在苟延殘喘，為了加緊統一的步伐，他終於決定南下征討，派十萬精兵，三路併發，打算一舉攻下南唐，不

給他們喘息的機會。

李煜的文人思維在這一刻又出來現眼了，他覺得南唐依靠長江天塹，北宋的軍隊不可能那麼容易就打過來，等努力一段時間不見成效，他們自然就會自行撤軍了。因此在這期間，他並沒有表現出驚慌失色，反而鎮靜得異於往常。

聽說北宋的兵將準備造浮橋攻過來，他甚至還笑呵呵地對大臣們說：「我可不相信他們能在長江上弄成個浮橋，怎麼樣，我都說我們會『不戰而屈人之兵』吧。」說完，他和眾大臣都哈哈大笑。而李煜則一轉身又去和小周后研究詩詞去了。

沒想到，天不助南唐，眾大臣沒笑得了多長時間就收到消息，北宋的將士們三天就把浮橋搭好了。而這個時候的李煜正在宮裡跟一批和尚道士探討佛家和道家思想不同的本源在哪裡，哪知道外面發生了什麼事情啊。還是後來閒來無事，走到城頭去散步才發現，城外已經到處都是北宋的旗幟了。

李煜這下完全沒了主意，之前自己說了那麼多的大話，這下子兵臨城下，該如何是好啊。想了很長時間，他決定派人去請援兵。

南唐在上江那面也有不少的部隊，接到都城被圍的消息，就火速趕來救援，但剛行到皖口的時候，就遇到了大批的宋軍。

這支南唐軍隊的統帥估計是個「三國迷」，而且還是個諸葛亮的超級粉絲，因此，雙方剛開始交戰，想都不想就準備用火攻這個計策。但是，諸葛亮那是人人都能當的嗎？也不看看天氣和風向就胡亂用計。

當時的風向正好是逆風，一下子就燒了南唐自己的軍隊。北宋軍趁機一口氣攻了過來，十五萬啊，十五萬的南唐軍就在大火的吞噬和宋軍的攻勢下毀於一旦，李煜失去了最後一張王牌。也不知這是天災，還是人禍啊。

西元975年，李煜投降北宋，趙匡胤派人把他帶到了北宋的都城開封。趙匡胤早就看他不順眼了，覺得李煜像個娘兒們似的，成天扭扭捏捏的。

再加上李煜曾經幾次三番地拒絕來朝面見他，因此趙匡胤對李煜的恨莫名其妙地多了不少，所以給李煜封了個「違命侯」，讓他從此過著屈辱的「階下之囚」的生活。不但如此，趙匡胤還時不時地把李煜弄到自己身邊敲打一番，說他的才華堪比朝中的翰林學士，要是把這一肚子的學問都拿來治理國家，何苦會落得今天這個下場。

這話雖然刺耳，但說得卻也句句在理。李煜就算有一肚子的委屈，此時也只能打掉牙往肚子裡吞了。

雖然說李煜在當皇上的時候有些昏庸無能，但他不是沒心沒肺，他要是真能跟南朝陳後主，或者是蜀漢後主劉禪一樣，估計後來還能安度晚年。

　　但他還算有點羞恥之心，對於自己的荒誕不經使得國家覆亡還是心懷愧疚的，這從他後期的詞中就能夠表現出來。「多少恨，昨夜夢魂中。還似舊時游上苑，車如流水馬如龍。花月正春風。」但此時此刻，身為亡國之君，過著被人監禁的生活，即使他有一筐的悔恨，對於他的生活也是於事無補的，反倒只會平添他的痛苦和憂愁。

　　因此，李煜只有每天和宮女、妃嬪們「一醉解千愁」，喝到快不省人事的時候，就痛哭流涕，訴說自己心中的痛與苦。這眼淚裡包含的除了亡國之痛，還有眼見著自己心愛之人被人欺辱之痛。

　　在李煜成為「違命侯」之後，他的皇后小周后也被封為「鄭國夫人」，按照北宋的規矩，必須定時到宮裡向皇后請安。而趙匡胤的弟弟趙光義素來就聽說李後主的皇后小周后有著沉魚落雁的美貌，因此也是垂涎已久。

　　趙匡胤死後，他繼承了皇位，因此每次都借著小周后進宮的機會留她在宮中多住幾日。至於這幾天究竟發生些什麼，想必不說誰也都能猜到個大概。

　　據說小周后每次從宮中回來都會在李煜面前又哭又鬧，埋怨他沒有能耐。不管怎麼看，李煜的頭上都是綠油油的一片啊。

　　本來國家就沒了，現在心愛的女人還要去宮中受辱，李煜的火真是大啊。但他沒別的辦法，更沒有別的能耐，只能

借酒澆愁，借詩詞抒發心中的不滿。

那個宋太宗趙光義強佔了人家的老婆，怎麼說也是名不正言不順，因此害怕李煜哪天會報復自己。其實李煜這樣的人，哪會有這種念頭啊，再恨估計也都自己一個人擔著了。但趙光義還是不放心，於是天天派人去監視李煜。特別是還派了「無間道」來試探李煜。

他派了李煜之前的老臣子徐鉉去看李煜。正所謂「老鄉見老鄉，兩眼淚汪汪」，這李煜一見當年舊臣，想起如今物是人非的生活，不禁怒從中來，就什麼話都往外說了。當然，話裡話外也無非是對故國的懷念之情。

徐鉉現在怎麼說都是大宋的臣子，吃著人家的飯，拿著人家的工資，這以前的老闆還算得上什麼啊，自己的前途才是主要的。因此，他回去之後把李煜和自己說的話一五一十地全都告訴了宋太宗。

宋太宗一聽就來氣了：「好呀，你一個亡國之君，我不殺你就算了，還好吃好喝地供著你，你還不知足，還老想著以前的事。」他越想越生氣，不禁對李煜動了殺機。

西元978年，那一天是農曆七月初七，也就是李煜的生日。李煜一個人孤零零地坐在月下，想起自己做皇上時候的事情，文武百官全都給他來賀壽，還有自己的愛妃陪伴左右，那樣的生活在此情此景下就好像夢一樣。此時回想起來，不由得悲從中來，於是揮筆寫下了他後來最著名的詞

《虞美人》。不承想，這一寫竟然會要了自己的命。

他讓人演唱他寫的這首詞，但他不知道他的身邊到處都安排著宋太宗的眼線。因此，他的這首詞很快就傳到了宋太宗的耳朵裡。

宋太宗看出來他詞中那種對故國深深的眷戀之情，心下大怒，立即派人給李煜送了一杯毒酒。

李煜就這樣死了，那一天是他的生日，也是他的忌日，他就這樣結束了他四十二年的人生。這之後，他的妻子小周后由於傷心過度，也在憂鬱中追隨李煜而去。其實想想，死對於他們來說，未嘗不是一種解脫。

其實李煜這種悲劇的命運和他的性格是脫不了關係的，他的文人氣息過於濃重，缺乏果斷沉著的應急反應。而且他在當皇上和當文人之間更傾向於後者，又過於喜歡飲酒作樂、寫詞作詩，不幸的是他生於亂世，在這種動盪的年代，想要當一個文人皇帝那是比登天還要難的。在亂世之中要想安定國家，非要有強而有力的治國手段和殺伐決斷的勇氣及政治頭腦不可。

只可惜，這些都是李煜所不具備的。既沒有政治素養，又沒有軍事才能，還太過於迷戀女人和奢華的生活，這一切的一切都註定了他後來國破身亡的悲劇。

但這個荒唐的文人皇帝也並沒有浪費他在寫詞這方面的才能，一千多年的歲月都已經煙消雲散，曾經很多的皇帝都

被歷史湮沒於洪流之中,不被世人所熟知和記住。

　　但李煜的詞讓我們記住了這個悲劇的皇帝和他跌宕起伏的一生,而他的詞作也必然會在以後的歲月裡歷經時間的洗禮而經久不衰,這也是他的一種另類的成功。

第八章

其實我是個書畫家
——宋徽宗趙佶

宋徽宗是一個什麼都會，就是不會當皇帝的皇帝，

這對於大宋朝不得不說是一件憾事，

因為他，宋朝給人的軟弱印象更上一層樓，

前有《水滸傳》裡的諸多故事，

後有漢族皇朝最屈辱的「靖康之恥」，

可以說如果把這位皇帝的話題放到八卦雜誌的話，

幾天幾夜都說不完。

宋徽宗
趙佶

身分：宋朝第八個皇帝，其實更應該說是書畫家
生卒年：西元1082年～西元1135年
父母：宋神宗、欽慈皇后
愛好：花錢、畫畫、書法、奇石、道教
座右銘：給我一個佈滿花石，能寫字、畫畫的地方，
　　　　面朝大海，春暖花開
上榜原因：除了不會做皇帝，什麼都會做！

在上一篇故事裡我們講過，趙匡胤在把李後主擄到開封後，就算統一了天下，結束了五代十國的戰亂局面，正式建立了中國歷史上據說是最軟弱的王朝——宋朝。

在歷史書上，這是一個積貧積弱的朝代，但也是一個充滿著奇蹟的朝代。

在這個朝代裡，有歷史上最為清明仁慈的皇帝宋仁宗，也有歷史上最軟弱無能的皇帝宋徽宗。而我們這一篇故事的主角，就是宋朝第八任皇帝——宋徽宗。

宋徽宗，在皇帝裡面也可以算是一個奇葩了，如果有人問皇帝中最有才華的人是誰，答案只有一個，就是宋徽宗。

雖然說前面講到的南唐後主李煜也是一個有才華的人，但和宋徽宗比起來，他還欠缺了一點點。怎麼說呢，在詩詞創作上，宋徽宗趙佶可能會略輸文采；但在書畫領域裡，李煜就比趙佶稍遜風騷了。

但這個宋徽宗不僅在藝術領域裡的造詣很高，就算在其他方面也都是個中翹楚。比如玩蹴鞠，比如放風箏等等。簡直就是遍地開花，才高八斗，學富五車，能文能武，能寫能畫，總之用四個字來形容他就是多才多藝。雖然在荒誕的皇帝中有才的也不少，楊廣、王莽都很有才能，但論全面，宋徽宗絕對是首屈一指的。因此，我們的徽宗皇帝絕對是歷史上最有才華的皇帝。

但這麼一個人，什麼都會，就是不會當皇帝，對於大宋

朝不得不說是一件憾事，因為他，宋朝給人的軟弱印象更上一層樓，前有《水滸傳》裡的諸多故事，後有漢族皇朝最屈辱的「靖康之恥」，可以說如果把這位皇帝的話題放到八卦雜誌的話，幾天幾夜都說不完。

　　在史書上他風流成性，追求奢侈生活；在位期間「妄耗百出，不可勝數」；每天不思朝政，不務正業，在書法上獨創一體，卻在政治上一敗塗地。這一章的故事，就來說一說這個歷史上最窩囊的皇帝。

我真不是南唐後主轉世

宋徽宗趙佶是宋神宗趙頊的兒子，趙頊共有十四個兒子，而趙佶則排行第十一。關於趙佶的出生，歷史上有這樣一段傳說。

在趙佶他媽媽還沒懷上他的時候，有一天，趙佶的父親宋神宗趙頊到秘書省中欣賞歷朝歷代有名的書畫真跡，而南唐後主李煜的畫像也收藏在此。

那一天，宋神宗站在李煜的畫像前面看了好久，想到這位亡國之君曾經的風流倜儻和儒雅風度，不禁感慨頗多，對李煜的逝去也充滿著惋惜之情。

回來之後，他當晚就臨幸了趙佶的母親，而又是那麼巧，在同一天就懷上了趙佶，十個月後生下來的就是後來的宋徽宗。而且據野史傳說，宋神宗夢見李煜來見他，然後宋徽宗就出生了。

因此，坊間都傳言說宋徽宗是南唐後主李煜的轉世，為了報被趙匡胤滅國的仇而特意轉生為他的子孫，以求禍亂大宋的江山。當然，這只是迷信的說法，所以大家也就當聽個歷史的八卦好了。

但從排位上來看，如果李煜真轉世成趙佶，在那個時候來看，可是相當不明智的。因為這個皇帝是萬萬不可能轉到他這兒的。果然，在宋神宗死後，這個皇帝的位置就傳給了宋神宗的第六個兒子趙煦。

那個時候趙煦只有九歲，什麼都不懂，朝政幾乎都被高太后把持著。好容易忍啊、盼啊地熬到自己能夠主政了，卻被什麼新黨舊黨之爭弄得焦頭爛額，不僅沒有好好地解決，還給後期北宋的滅亡留下了隱患，更使自己的身體越來越差，最終積勞成疾，一病不起。

也許有的時候，看似迷信的說法還有那麼一點可信之處。就比如說這個傳位的事。宋哲宗趙煦哪料到自己才25歲就會掛掉，因此也沒準備什麼繼承人以及遺詔之類的東西，而且他還沒來得及為自己留下後代，突然之間說沒就沒了。

根據這本書裡的介紹，大家恐怕也能知道，皇上沒有子嗣的話，繼承皇位之人會在自己的兄弟或者兄弟的子孫裡挑選。於是，當時一場轟轟烈烈的皇帝海選就開始了。

趙佶很聰明，他也知道關於繼承人的事，宋哲宗名義上的母親，也就是當時的太后向氏有著很大的發言權，因此他三天兩頭地往向太后那兒跑，請個安，送個禮，表示個小心意，因此也深得向太后的喜歡。

話說這宋哲宗沒了，向太后很傷心，加上宋哲宗也沒有能繼承大統的兒子，向太后只得暫時垂簾聽政，希望能快點

給國家找到一個合適的君主。向太后向眾臣哭訴：「國家不幸，哲宗皇帝無子，天下事須早定。」

眾大臣一看，連皇太后都急成這樣了，還是趕快想想辦法，大家商量商量到底這事該怎麼辦吧。

宰相章惇説：「按照祖宗禮法，應該立哲宗皇帝的同母弟弟簡王趙似為皇帝。」向太后聽了提名後，不是很滿意，因為趙似不是向太后所生。

章惇一看碰了釘子，皺了下眉頭，眼珠一轉馬上改口説：「那要是按照長幼排序的話，可立年紀稍大一些的申王趙似。」話音一落，滿堂皆是竊笑私語。

為什麼？因為申王有目疾，是個盲人。前朝歷代好像還沒有盲人做皇帝的。大夥心想，你説立申王，他可是連奏章都看不了呀！

向太后搖了搖頭，輕聲説道：「老身心目中倒有一個人選，説出來與眾位卿家聽聽，看看此人合適與否？」

章惇真是一肚子氣，早就有相中的人還不早説，讓這個提議那個參考的，説出來的又不用，這不擺明著氣人嗎。雖然心裡如此想，但是臉上可不敢表露出來，仍然是一副恭敬的模樣，躬身在一旁等待向太后發話。

向太后提議的這個人正是後來的宋徽宗趙佶，至於那麼多人不選為什麼獨對趙佶喜愛有加，這可説是歷史上的一個謎，因為趙佶也不是向太后的親生兒子，但她卻力主由趙佶

來繼承皇位，真讓人猜不透。

章惇本來就因為自己連提兩人都遭拒而生氣，此時又聽向太后提名趙佶，便立即出言反對。他的理由是「端王輕佻，不可君天下」。意思就是說，這個端王趙佶的品性不好，為人輕佻，擔不起一個皇上的擔子。

但向太后此意已決，哪容得他人反駁，因此語氣堅決，正色說道：「先帝嘗言，端王有福壽，且仁孝，不同於諸王。」就是說這個孩子有福壽，而宋徽宗趙佶且非常孝順，不同於其他的皇子。

這番話明著聽沒什麼問題，但仔細想想就會發現言語之中幾乎全是偏袒趙佶的口氣。章惇本來想再說些什麼，但還沒開口，章惇的反對派曾布就站出來指責章惇，說他說的話簡直就是大逆不道，目無太后，這一頂大帽子扣下來誰還敢再說什麼？因此章惇也乖乖地閉上了嘴。

就這樣，端王趙佶在向太后和一班大臣的支持下當上了皇帝。

後來的事實證明，章惇在看人上還是十分準確的，性格輕佻的趙佶的確不是個做皇帝的合適人選，而且他那些禍國殃民的本事也不僅僅是一個「輕佻」就能說明問題的，可是他偏偏成了皇帝，帶領北宋王朝向著災難與滅亡一路狂奔。

沒變身前的宋徽宗

　　根據史料記載來看，宋徽宗也並不是一開始就是那個荒唐模樣的。他在當皇帝之前就已經是一個勤奮好學、樂於進取的五好青年了。在很多皇室子弟都縱情聲色之時，他每日每夜都在研究他所鍾愛的書畫、騎馬、射箭。

　　這麼看來，那個時候的趙佶也是一個健康向上的正派青年，而且在朝廷內外，都有著不錯的口碑。但也有傳聞說他在當王爺的時候就養尊處優，放蕩不羈。最喜歡的事情是玩蹴鞠、放風箏、逛青樓，身邊時常陪伴著一群狐群狗黨，為他以後變成那副德性打下了「堅實的基礎」。到底哪一個才是真正的宋徽宗呢？我們不妨接著往下看。

　　在他初登帝王寶座之時，他還是有些作為的。跟大多數荒唐皇帝一樣，他在剛剛繼位時也是奮發圖強，想要成為一個為國家做一番貢獻的皇帝。這在下列很多事件上都明確地表現了出來。

　　宋徽宗上位所做的第一件事，就是為之前王安石變法之時遭受冤獄的那些老臣平反。這其中最著名的兩個人就是范純仁和蘇東坡。

范純仁的老爸就是北宋赫赫有名的范仲淹。范純仁也是個老實耿直的人，只不過為人有些保守。在王安石變法時期，由於極力阻止變法，被哲宗貶至他處為官。

宋徽宗上臺後第一個想到的就是這位老宰相，因此立刻派人將範純仁請回來。但這個時候的範純仁由於長年心力交瘁，已經雙目失明。

宋徽宗看到他這番模樣，心裡十分痛惜。但能夠與範純仁見上一面，宋徽宗表示已經心滿意足了。

而蘇東坡被赦免之後，也恢復了清譽和官職，但可惜他也是由於久居外地，又貧窮至極，患病之時無錢看診，以致回來之後，身體已經完全垮掉，沒有多久就病死了。這兩個人的死亡，在宋徽宋看來是頗為傷感的，不知道和之後他的轉變有沒有什麼關係。

除了平反冤獄之外，那個時候的宋徽宗還能廣開言路，虛心地聽取大臣和其他人的建議，不會一意孤行。宰相張商英勸說他要勤儉節約，不要大興土木，鋪張浪費，他也沒有生氣，接受了意見。但在歷史上記載，他的這種虛心受教還有著兩面三刀的品性，當面一套背後一套。

彼時，宋徽宗打算修整升平樓，但他知道張商英不喜歡他這樣大肆地興建，因此，在開工的時候，他特意囑咐負責工程的工頭說：「如果你們看到宰相路過這個地方，一定要記得把工人們都藏起來，千萬千萬不要讓宰相看到。」這難

道不說明了他當面人背後鬼嗎？

　　當然，據記載，他登基之初確實覺得自己住的地方有點豪華過了頭。還為此跟自己的臣子們說：「以前仁宗皇帝做了一個寶座，覺得太過華麗了，因此給放到了大相國寺。但到了今天，已經和那個時候完全不一樣了，外人根本就不知道我們宮中過得是多麼豪華奢侈。」

　　那時，剛剛登基的年輕皇帝給整個大宋王朝帶來了一片新的氣象。他整頓朝綱、平反冤獄、貶返奸臣、用人有道，整個朝廷上上下下全是欣欣向榮的景象，眾大臣和當初推舉他的向太后也對這個皇帝充滿了殷切的希望。

　　在這期間，他還發布了一份詔書，告全天下：每一個宋朝的子民都有資格對他的執政方針和朝廷大事提出自己的意見和建議。

　　這份詔書用詞懇切、平易近人，像和知己、朋友推心置腹一般地閒談，這種詔書在歷朝歷代的帝王中都是十分罕見的。人們在這份詔書中看到了這個剛剛登基的皇帝的朝氣蓬勃、積極向上，甚至對大宋王朝的未來充滿了美好的願景和期望。但就是這樣一個皇帝，也沒能逃得過「變身」的宿命。

　　宋徽宗後來的所作所為和他登基之初簡直就是判若兩人，那一系列荒誕的行為讓人大跌眼鏡。

　　為什麼他的前後會有這麼大的變化？這件事一直是人們

想要知道的事情。是經歷了什麼樣的打擊還是遭逢了什麼樣的變故讓一個有著滿腔抱負的皇帝變成了一個荒唐的帝王，並最終一步步引導著大宋王朝走向滅亡？

歷史並沒有給出我們答案，因此我們無法將他的變化做一個歸根結底的結論。

那麼這樣看來，唯一解釋得通的，就是他的天性就是如此，正如章惇所說的「輕佻」。而且，這樣的變化，可能也和歷史上另外兩個著名的奸臣不無關係。

愛好害死人

　　這第一個奸臣就是現在一提起來我們都會發出「哦，是他啊」這種聲音的人物，他就是歷史上著名的高俅。

　　讀過《水滸傳》的朋友都知道，這位「仁兄」是與蔡京、童貫、楊戩齊名的四大奸臣之一。他掌管著當時大宋朝的軍事，但他嫉賢妒能，任用私黨，打壓良將，一個朝廷的軍隊掌握在這樣的人的手裡，還會好嗎？但這個人就是能得到宋徽宗的重用，從側面也展現出宋徽宗在用人上的昏庸和荒唐。

　　宋徽宗在認識高俅的時候，他還不是皇帝，只是端王。在宋徽宗趙佶的狐朋狗友裡有一個叫王詵的人，是英宗時期的駙馬。

　　這個人能夠和趙佶混在一起，可想而知也不是省油的燈，他為人淫蕩、不受束縛，被人所不齒。卻偏偏能得到趙佶的喜愛，正所謂「物以類聚，人以群分」。

　　兩個人總是一起出去花天酒地，逛青樓、喝花酒。王詵這個人也喜歡收藏名畫，曾經收藏到《蜀葵圖》的一部分。但苦於找了好久都找不到另外一半，感到十分鬱悶，時常在

趙佶面前提起此事。

趙佶也真當王詵是朋友，把這件事記在了心裡，暗中派人出去尋找剩下的那半幅畫。功夫不負苦心人，剩下的那半幅終於被他弄到了手，趙佶從王詵手裡拿來另外一半，重新拼製好後交給了王詵。

王詵看後心裡樂得都開了花。看到趙佶對自己這麼夠朋友，王詵也不能表現得太小氣了。有一次，趙佶在宮裡遇到了王詵。他那時候正四處找篦子梳頭，正巧這個時候王詵來了，聽說這件事，就把自己隨身帶的篦子遞到趙佶的眼前。

這把篦子並不像其他普通的篦子，它製作精美、用料講究，趙佶一看就愛不釋手。王詵也很聰明，一眼就看出趙佶對這篦子的喜愛之情，因此對他說自己在做篦子的時候做了兩把一模一樣的，既然趙佶喜歡，他就成人之美，將一把送給趙佶，並許諾當天晚上一定會派人送去。

當天派去送篦子的人就是後來的高俅高太尉，所以說，人運氣到了擋也擋不住。那天去的時候，趙佶正在府裡踢球，也就是在玩蹴鞠。

這高俅在早先只是一個街頭小混混，成天不學無術、遊手好閒，唯一的長處就是能踢得一腳的好球。

後來他得到王詵的賞識，到了王詵的府裡做了侍從。此刻看到自己最擅長的玩意兒，又看到宋徽宗的腳法如此了得，不禁有些得意忘形，開口叫了一聲好。叫完之後，自己

就後悔了。自己這種身分打擾了王爺的雅興，有幾個腦袋恐怕也不夠掉的啊。

宋徽宗聽到這聲叫好後停下了動作，看著這個喊「好」的年輕人，非但沒有生氣，還邀請他一起玩蹴鞠。高俅先是推辭了一番，後來實在是抵不住宋徽宗的勸說，和大家一起踢了起來。

他的腳法華麗、變化多端，連踢球踢得好的宋徽宗都看得花了眼，心中暗自佩服。在高俅的陪伴下，宋徽宗這場球踢得非常盡興，因此對高俅另眼相看，決定將他留在自己的身邊，以便能隨時陪自己踢上幾腳。

於是，他派人去和王詵說：「篦子我留下了，來送篦子的侍從我也留下了。多謝你給我送來這麼好的禮物。」

這之後高俅就待在了趙佶的身邊，在趙佶當上皇帝之後，高俅也搭上了這班順風車，成為了宋徽宗身邊的紅人，一路走來，平步青雲，最後竟然官至太尉，掌管軍隊。

但所有的這些，並不是因為這個人有著怎樣的軍事才能或者文化素養，只是因為一個原因，就是他會踢球，而且踢得好。看看宋徽宗寵信高俅的理由多麼荒誕可笑。

在高俅當太尉的這一段時間裡，他把軍營的土地當成自己的私有財產，建造自己的私人住宅，還把手底下的官兵當成自己的私人侍從，隨時差遣為自己謀私利。有技術的就幫他蓋房子，沒有技術的，把錢交上來也不用操練不用幹活，

只要有錢什麼都好說。

而宋徽宗對於這些事情也是有所耳聞的，他非但不去制止，反而把一些彈劾高俅的臣子貶的貶，流放的流放。被他們這麼一折騰，本來就弱的北宋軍隊就變得更加衰弱，「紀律廢弛」、「軍政不修」，成為「人不知兵，無一可用」的擺設。

也正因為這樣，到宋欽宗時期，面對金國的大軍，這一群烏合之眾根本就沒有還手之力，只能看著皇帝被人家搶走。這個結果從表面上來說是高俅造成的，但起到推波助瀾作用的還是宋徽宗的不聞不問，視而不見。因此，他最終吞下了自己釀的苦酒也就怪不得別人了。

除了高俅之外，還有一個得到了宋徽宗大力任用的人，就是奸相蔡京。

蔡京是一個富有才華的人，在藝術方面有著很高的天賦，在書法、詩詞、散文等各個領域都頗有造詣，特別是書法，與蘇東坡、黃庭堅、米芾並稱北宋書法四大家。

有一年夏天，有兩個小官想巴結蔡京，所以一直在旁邊給他扇扇子。蔡京一看扇子，頓時來了雅興，給這兩把扇子上題了兩句詩。幾天之後再見這兩個人，發現他們都變成了富翁，一問之下才知道他題詩的兩把扇子被一個王爺花重金買走了。這位王爺不是別人，正是日後成為了宋徽宗的趙佶。

可見在書法上，宋徽宗對於蔡京是極其肯定的，他本身就是一個愛好書法的人，因此愛屋及烏地寵信寫出這手好字的蔡京也就不難想像了。

本來在前頭我們說過，宋徽宗在剛當皇帝的時候還為那些反對變法的老臣平反。但從後期的種種表現來看，也許那個時候他只是做個樣子給向太后看的，而向太后去世之後，他也就肆無忌憚地開始打壓這些人。特別是在蔡京當上宰相之後，更是變本加厲，無所不用其極。

之前宋徽宗發的那份詔書還信誓旦旦地說自己會公正地對待變法與保守兩派，不會偏袒任何一方，但距他發這份詔書才不過一年多點的時間，事情在蔡京上任之後就來了個一百八十度的大轉變。

宋徽宗為此又重新擬寫了一份詔書，用詞和語氣上跟上一封相比簡直是大相徑庭。由此，成為了中國歷史上著名「元祐黨人案」的開端。

當時蔡京仗著皇上對自己的寵信，打算與宦官童貫一起總攬朝政。當時的打擊面十分廣泛，凡不是蔡京親信或者曾經和蔡京對立的人士、大臣都在蔡京的「清洗」範圍，總共有三百零九人被扣上「元祐奸黨」的帽子，立「黨人碑」，上面刻寫這三百零九個黨人惡名，昭示全國。

被刻上黨人碑的官員，重則關押，輕則貶放遠地，非經特許，不得內徙。這裡面就包括為我們所熟知的司馬光、蘇

東坡、黃庭堅等等。

而我們這個愛好書法的宋徽宗同志還為了顯示自己與眾不同的「瘦金體」，分別兩次親手書寫了黨人碑，刻於端禮門的石碑和文德殿門的東壁之上，並且透過蔡京下令，各地必須刻立石碑，以對世人起到「懲惡揚善」的作用。

當然，立碑羞辱這些人還只是第一步，第二步宋徽宗做得更絕了，他下了一道死命令，說全國上下，凡是帶有蘇東坡真跡的東西一律要銷毀。還將「三蘇「（蘇洵、蘇軾、蘇轍）、黃庭堅、秦觀等人的詩集、文集一併燒毀。

蔡京看著心裡雖然解恨，卻覺得做得還不夠狠。因此又慫恿皇帝宋徽宗把蘇軾《東坡集》的印版、司馬光等人的畫像全部付之一炬，這其中還包括了司馬光那部偉大的史學著作《資治通鑒》。

這場「大清洗」運動涉及甚廣、牽扯的人十分之多，特別是他們的子孫後代受到了極大的牽連。徽宗不止一次地說，凡是在碑上留下名字的這些人的親戚、子女、朋友等皆不得擔任任何官職，不得在京城居住，不得擅自前往京城。

此後，他還頒布了一系列針對這些人的條例，什麼宗室子弟不准與這些人有姻親關係，訂婚但還沒成親的必須解除婚約，這些人的親屬一律不能擔任近衛官職。

縱觀下來，我們可以發現，這個皇帝宋徽宗的想法簡直就是猴戲多變，和最初那個清明、仁治的皇上根本就不是一

個人。

可惜的是，這確確實實是同一個人在不同時期所做出的不同決定。而這件事情，也只是宋徽宗所做的眾多不守信用的事情中的一個。

前文講到，宋徽宗在初期發表過一份文辭懇切的詔書，希望可以和各位臣子、百姓共商國是，讓對國家的政策方針有見解的人提出意見，根據意見再有則改之，無則加勉，當然也不會對提出意見者進行追究。但是在起用蔡京為相後，這一切全都改變了。

由於宋徽宗過於信任蔡京，因此把什麼事情都交給他來處理，這當中就有關於這些意見書的處理、善後問題。這一項做法擺明了就是希望蔡京能夠整治一下這些不知死活，敢給皇上提意見的人。

蔡京這下更是有了倚仗，不管誰有沒有提意見得罪皇上，只要是得罪了他蔡京，都被他作為壞榜樣檢舉給皇上，以至於那些站在蔡京對立面的人都被蔡京一網打盡，蔡京只用了很短的時間就借宋徽宗之手排除了異己，而這之後大宋朝的政治走向，我們就可以想像得到、預料得到了。這也是後來發生「靖康之恥」的重要原因。

當皇上不如當道士

　　總之，宋徽宗不知道被蔡京和高俅他們灌了什麼迷魂湯，對他們一點都不起疑心，反倒是一百個信任。因此，他很放心地把國家大事交給這些人去處理，自己則落個清閒去做自己喜歡的事情。

　　就是在這個時候，平時就喜歡研究一些稀奇古怪東西的宋徽宗趙佶又突然之間迷上了丹藥這一行。其實看多了史書，大家也能想像得到，很多皇上在當久了帝王、過慣了奢華享樂的日子之後，就害怕死亡。

　　他們當中的很多人都希望自己能得到長生不死的丹藥。特別是在宋朝，從宋太宗開始，就對養生和丹藥有著深厚的興趣，在史書上關於皇帝招攬道士為自己煉製長生不老藥的記載更是數之不盡。

　　因此，這個本來就不靠譜的皇帝——宋徽宗更不可能免了這個俗，更何況那些史官也許是為了給宋徽宗拍馬屁，關於宋徽宗為什麼突然之間迷戀上了道教和丹藥給了一個看似很合理的解釋。

　　原來，在宋徽宗還不是皇帝的時候，曾經有一個道士預

言說：「吉人必會繼承大統。」其實這本來就是一句籠統的話，怎麼解釋都行。但到了這些巧舌如簧的江湖騙子口中，就可以吞雲吐霧的亂編一通。大家看看，一個吉，旁邊加一個人，不就正好是佶字，這不就是在說趙佶有一天會當皇帝嗎。因此，後來真的當上了皇帝的趙佶深信當時這個道士透露的就是天機，立刻覺得這個道士不是一般人。

後來，宋徽宗雖然妃嬪眾多，但卻苦於沒能開枝散葉，心裡一直都很苦惱。正在這個時候，又有個道士出來告訴他，說：「在京城的東北角，有一個風水寶地。如果能夠把這個地方的地勢加高，皇家必然會多生龍子龍孫，福澤萬代。」宋徽宗對此深信不疑，一切都照著這個道士說的來。

不知道這個道士說得確實有理還是撞上了大運，在宋徽宗照他說的做後，那些皇宮的妃子竟然真的開始接二連三地給他生了兒子。幾件事情加在一起後，宋徽宗對道教的崇拜簡直是五體投地。

從此，宋徽宗就開始努力地鑽研道教，完全把什麼朝政、什麼皇位都放到了一邊，他努力的方向，從原來想做一個書畫皇帝改道向道士皇帝前進，甚至給自己的稱號都改為了「教主道君皇帝」，由此可見宋徽宗對於道教的迷戀程度之深。

而從一些道士對宋徽宗的言論中我們或者可以發現一點，宋徽宗之所以對道教完全迷戀並不是沒有根據的。據某

個道士對宋徽宗所說，想要健康長壽是可以達到目的，而且實現的途徑並不困難，那就是一種叫作採陰補陽的辦法。

什麼是採陰補陽呢？說穿了就是行男女之事。但這個過程和普通的男女之事是有區別的，因為這個辦法對於所採的「陰」的條件要求是很苛刻、嚴格的。規定必須是芳齡二八左右的處女，要長得標緻、端莊，皮膚要滑溜，身材要婀娜多姿，頭髮要油黑發亮。說穿了就是白皙漂亮的大姑娘，而且需要的人數不限，多多益善。

而關於採陰的地點，也是有諸多的要求的，比如要有山有水，要有花鳥魚蟲，要有茂密的樹木、和煦的陽光等等。同時要和採陰的時間相配合，最好是選在陽春二月。為什麼要選在這個時候呢？因為春天象徵著生命，萬物在春天裡得以復甦、生長。這樣下來，人的生命也能夠得到昇華和延長。

這是多麼好的事情，又能延年益壽，又能有藉口放縱玩樂，這種事情誰不樂意。更何況想做這件事情的人是皇上，想要什麼樣的女人沒有呀，想要什麼樣的地方都能找到，想什麼時間進行就什麼時間進行。

於是，徽宗就開始實施他長生不老的計畫，並在實施這個計畫的途中，從原來那個頗有些上進心，雖然做皇上一竅不通卻還能寫幾筆好字，畫幾張好畫的「文藝青年」搖身一變成了一個完全只知道追求色欲、女人、花天酒地的昏君，

一躍成為在歷史上數得著的「敗家子」，在荒誕皇帝排行榜上名列前茅。這些都不是一朝一夕就能改變成這樣的，和他本性裡的「輕佻」、「荒唐」是息息相關的。

在這個過程中，他還學會了花錢，只要是自己喜歡的東西，哪怕拿出天下去換，他都是願意的。他在奢侈浪費上最著名的一件事情就是「花石綱」。

在《水滸傳》中有一位好漢青面獸楊志，就是因為押送「花石綱」在黃河裡翻了船，才開始了自己顛沛流離的江湖生活。

綱，在那個時候是指成批運送貨物的組織，包括茶綱、鹽綱等等，「花石綱」就是運送奇花異石的。要不怎麼說宋徽宗趙佶是一個「文藝青年」呢，就連喜好都透著那麼一股與眾不同。自古以來，喜歡什麼的皇帝沒有?美女、金錢、古董……。但喜歡稀奇古怪的石頭，還一味地沉浸其中，甚至導致「玩物喪志」的皇帝，恐怕宋徽宗還是第一個。

當然，有的人可能說了，不就是喜歡石頭而已嗎?和那些喜歡金銀珠寶的皇帝比起來，這愛好還真花不了多少錢，對於百姓來說，這能算多大個事啊?

此言差矣，能說出這樣話的人，恐怕還不瞭解趙佶所喜歡的花石到底是什麼樣的花石，只要接著看下去，就能對為什麼一個「花石綱」就能夠禍國殃民這件事恍然大悟了。

其實「花石綱」這件事和宋徽宗信奉道教有著很大的關

係。之前不是講到採陰補陽需要一處充滿「仙氣」的地點嗎，這事擱別人身上想辦到可能很難，但對於身為皇帝的趙佶來說卻一點難度都沒有。

在大山大河中去找多麻煩啊，還得往外跑，那麼乾脆就在自己的後花園裡弄一個這樣的地方，多方便啊！於是，一個叫「艮嶽」的地方就誕生了。

西元1117年，為了給自己建造一個帶有「仙氣」的洞天福地，宋徽宗開始下令興建艮嶽。因為北宋所在的都城汴梁地勢平坦，鮮有山水，想要有一個依山傍水的地方只能靠人工建造，因此宋徽宗對這個工程十分重視。

為此，他要求必須取天下的「瑰奇特異之靈石」，移南方「豔美奇珍的花木」進行修建，這種選石造山、選木修林的行為自然會耗費大量的人力、物力、財力，這也就是「花石綱」的由來。

「花石綱」由奸相蔡京主持，一開始只是在江浙範圍內收羅奇石，後來逐漸將規模擴大到了全國，送石頭的船隻在各地與汴梁之間往來不絕，每十艘編為一個船隊，稱為一綱。選石的規模之大，簡直可以說是前所未有。

聽說哪戶老百姓家裡有沒聽過或者沒見過的奇異珍石，當地的官員就不由分說，直接派士兵到這戶人家，找到石頭，然後拿黃紙在上面一貼，就算是打了封條，並且囑咐石頭的主人說：「這石頭以後就是皇上的了，要是有一點點的

損壞，你就要掉腦袋，所以你自己看著辦吧。」主人能說什麼啊，遇到了打著皇上名號的強盜，還想上哪裡去說理？只能「啞巴吃黃連」，自己的痛自己擔著了。

更過分的事情，是如果老百姓家裡有巨大的石頭或者高大的樹木，士兵來了之後發現不好搬運，也不和你廢話，直接砸牆拆屋。有的時候這些官兵還以石頭、樹木損壞為由，對老百姓進行敲詐、勒索。可憐那些家中有花石被地方官相中的尋常百姓家，為此鬧騰得傾家蕩產，甚至賣兒賣女，四處逃難。

在搜刮奇石的過程中，會遇到各種各樣的石頭。曾經在安徽的一個縣，發現了一塊巨石，高和寬都有二丈多（宋制一丈約為3.07米），運送的船隻到了汴梁城門口，押運的人卻煩惱：這麼大的傢伙怎麼弄進城去呢？橫豎全都過不去啊。

宋徽宗知道後，一點都不猶豫，告訴來人說：「搬，把城門毀了也得搬，需要多少人，說，那都不成問題。」

最後把城門拆了，用了上千人才好不容易把這玩意兒搬進城去。

宋徽宗看著這大石頭就高興，一時興起，在石頭上唰唰幾筆「卿雲萬態奇峰」留下了墨蹟。然而宋徽宗還不滿意，特意又讓人加了一條金絲帶掛在石頭上。

沒過多久，太湖那邊又傳來消息說，又找到一塊石頭，

長有四丈，寬有兩丈，石體通透，最奇的是上面還長著一棵樹，民間傳說是唐代著名詩人白居易親手種下的。這樣的石頭得值多少錢？那哪是一般人家能用得起？於是，地方官員趕緊派人建兩艘大船專門運送這個東西。

船建好後，把石頭連上面的樹一起抬到船上，一路上又怕石頭磨損，又怕樹掉葉，擔心了這個，又操心那個，好不容易才把這麼個東西運到了汴梁城，之後大家坐在一起算了一下，花了大約八千貫錢。

八千貫錢是什麼數量呢？簡單說，就是在當時二百多戶普通人家拼命花，大概能花上一年……。

這還不算最離譜的，至少這種東西可以用金錢衡量出來。在華亭有一棵樹，這棵樹從唐朝年間就已經存在，可以算得上是古樹，價值不可估量。當地的人們商量了一下，都覺得這玩意兒應該獻給皇上，但這樹太大了，好多人拉著手才能環抱它一周，根本沒辦法走陸路。於是決定走水路運輸。

一幫人浩浩蕩蕩地帶著這棵樹從水路前往汴梁，本來一路風平浪靜的，沒想到突然起了大風，驚慌之中，船就翻了。這下好了，船沒了，樹也沒了，連人命都沒了。這個損失就無法用錢來估量了。

總之，皇帝的這個興趣愛好折騰得全國上下亂作一團，官不為政，民不聊生，各地的百姓都叫苦不迭。

　　《水滸傳》裡著名的梁山兄弟打方臘的故事就和這件事情有關係。因為實在是忍受不了這些盤剝和折騰，在當時受「花石綱」折磨最嚴重的浙江一帶，就爆發了農民起義，因為起義軍的首領叫方臘，因此又稱作方臘起義。

　　此次起義打下了宋朝的六州五十二縣，雖然最終被鎮壓，卻從根本上動搖了北宋徽宗的統治，使得北宋王朝從此一蹶不振，沒過多久就滅亡了。

　　整個「花石綱」的搶掠豪奪共持續了二十多年，在運送途中死傷者無數，耗費錢財無數，運送的奇花異石無數，地域覆蓋廣闊，涉及人數眾多，對國家造成了嚴重的災難。而這些，宋徽宗都是心知肚名的。但他對於這些事情並不關心，也不想去關心。他心心念念的只是他的艮嶽什麼時候能修建完成，他的「仙境」什麼時候才能夠投入使用，他的成仙得道、延年益壽的夢想何時才能成真。

　　後來，這座園林終於建成，它設計得獨具匠心、鬼斧神工，到處充滿《聽琴圖》

　　著奇花異草、珍石奇木，是一項極其宏偉的園林巨制。只可惜後來在金兵的入侵下，此園林毀於一旦，二十載的辛苦堆建就這樣付之東流。如果能夠保存到今天，艮嶽一定會成為世界園林之最，並且成為中國最瑰麗的古文化遺產之一，真是可歎、可悲。

漢人的奇恥大辱

　　有了能夠採陰補陽的地方，自然就要準備人選了。在這個過程中，宋徽宗又將他荒淫放縱的本性展露無遺。

　　雖然說是要十六歲左右的處女，但宋徽宗宮中的女人可不僅這些。除了皇后、四妃、九嬪、婕妤、美人、才人之外，還有什麼「三千粉黛，八百煙嬌」，大家算算吧，這些加在一起就已經有多少人了。還什麼採陰補陽，有這麼多的女人，宋徽宗每天過著多麼淫蕩腐化的生活，在這種生活狀態下，身體能好才是怪事一樁呢！據非官方統計，在徽宗的這些妃嬪裡，小到十四、五歲大到三、四十歲，各年齡段都有。

　　明明自己家裡就有這麼多女人，環肥燕瘦，什麼樣的都有。但宋徽宗還是感到不滿足，還常常流連於青樓，與妓女相伴。這其中最著名的就是名妓李師師。

　　宋徽宗喜歡李師師這件事在當時可以說是街頭巷尾，盡人皆知。為此還衍生出各種劇碼、小曲，比如流傳後世的《桃花扇》講的就是這個故事。

　　宋徽宗為了寵幸李師師，還特意讓人在李師師住的地方

大興土木，轉眼之間，小樓變高樓，美輪美奐，華美異常。
有了這樣的地方，宋徽宗哪還管什麼皇上不皇上，天下不天
下的，恨不得天天能和李師師守在一起，聽她為自己彈曲、
跳舞、唱歌。

　　但這麼下去終究不是個辦法，皇上根本無心朝政，底下
的大臣們可坐不住了。

　　這樣下去大宋朝豈不是要完蛋？因此有人就提出了抗
議，說：「皇上成天只知道玩樂，不知道擔心國家社稷的安
危，而且去嫖妓，這自古也是聞所未聞的，怎麼能開這個
頭呢。而且要真是龍體出了什麼事情，置天下萬民於何地
啊？」

　　但這番話根本就進不了宋徽宗的耳朵裡。更何況他身邊
還有高俅、蔡京這幫人老是幫襯著他說話，鼓勵他的這種行
為，因此，他的臉皮也就越來越厚，到後來就到了充耳不聞
的地步，任你把嘴皮子磨破了，我自己覺得該怎麼樣就怎麼
樣，讓眾臣無可奈何。

　　都說「天作有雨，人作有禍」，照宋徽宗這麼個折騰
法，就知道他的下場好不了。但宋徽宗本人並不介意這些。
再加上他性格中的「輕佻」，也造成了他好大喜功的品性。
為了顯示自己用兵如神，他不顧與遼國修好的盟約，和金國
一起攻打遼國，使遼國滅亡。

　　沒了後顧之憂的金國很快就掉轉槍口，對準了大宋朝。

西元1125年，金軍向南進發，眼看著就要打到北宋的國都汴梁……這個時候的宋徽宗趙佶才開始知道害怕。

他下令取消「花石綱」，而且還像模像樣地寫了一篇《罪己詔》，在裡面痛陳自己的過錯，寫得那叫一個感天動地，發人深省，但老百姓並不買他的帳，畢竟他作惡太多，本當有此一報。

1126年初，被金人嚇破了膽的宋徽宗想出了傳位的辦法，以減輕自己的壓力，一則可以把自己的兒子當成炮灰去給自己擋子彈，二來當時的局面已經不是他所能控制的了，多年的揮霍無度、荒淫無道早就把他的名聲給敗壞了，國庫也快被他揮霍一空，留下的北宋只是一個千瘡百孔的爛攤子，因此找個人來替自己解決這個問題，也是逃避責任的一種辦法。

總之，那個時候的北宋從富庶的國家變成了一個在風雨中飄搖的小船，隨時都有觸礁沉沒的危險。宋徽宗不想擔這個亡國之君的名號，在這種時刻讓位給自己的兒子也就沒什麼奇怪和爭議的了。

徽宗傳位於欽宗沒有多長時間，金軍攻破了汴梁，抓到了宋徽宗趙佶和他的兒子宋欽宗趙桓。

到了第二年，金人把徽、欽二帝，還有後宮的妃子、宗室的成員、文武百官，甚至於工匠、樂工等，再帶上各種奇珍異寶、藏書字畫等等一起押回了北方，自此由趙匡胤開

創、統治中國一百六十多年的北宋王朝宣告覆亡，而北宋的徽、欽二帝成為了金人的階下之囚。

此事發生在靖康年間，因此史上又稱其為「靖康之恥」。

亡於外族，這在中國漢族統治的歷史上是一種恥辱，被後來很多的人所不齒。南宋大將岳飛的《滿江紅》裡也寫著「靖康恥，猶未雪；臣子恨，何時滅？」可見在宋朝的子民中，這段歷史一直都是不堪回首的。

據民間相傳，宋徽宗在國都被攻破後，聽說自己的妃嬪和子女都被抓了的時候沒有表現出一點反應；聽說百姓受盡殺戮和淩辱的時候也是無動於衷；知道自己宮中的金銀財寶被洗劫一空的時候也是冷靜異常。但當他聽說自己庫裡收藏的書畫也被金軍一併收走之後，才仰天長歎，足以見得。這個皇上對字畫的癡迷和對國事的不在意。

北宋滅亡之後，趙佶的兒子趙構不斷地南逃，終於在臨安（今浙江杭州）算是站穩了腳跟，保住了大宋朝的半壁江山，與金國共分天下，史稱南宋。

而趙佶被俘到北方之後，過著非人的生活，每天都活在恐懼和痛苦的精神折磨中，最後於西元1135年死於金國的五國城。

看過描寫那段歷史的史書，我們不得不承認，宋徽宗在文學藝術領域裡有著極高的造詣。他開創的「瘦金體」獨步

天下，足以使他在書法史上留名。如果他沒有不小心當上這個皇帝的話，也許真的會在藝術領域裡將他的這份才華發揚光大。

有人評價他說，宋徽宗之後八百多年，迄今為止還沒有任何一個人在書法上能達到他的高度，可以稱得上是古今第一人。這樣看下來，他絕對有機會成為一個書法、繪畫的名家，進而留名青史，但他卻很不幸地成為了一代帝王。

他骨子裡與生俱來的藝術家的氣質和浪漫與當皇上、理朝政都是格格不入的。同時，他又無法將自己的靈氣和才氣用於處理國家政事上，依然過著我行我素的生活，過於理想化、情緒化，而且由於皇權在手，使得他可以在任何事情上都為所欲為，最後才會落得如此下場。

想從政就不能感性，想從藝就沒法理性，這二者之間是無論如何也沒有辦法雜糅在一起的。因此，讓一個極具感性色彩的人，當一個應該理性思維占主導地位的皇帝來掌管一個國家，這本身就是一個荒誕至極的事情，只是可惜，當年選他當皇帝的那些人看走了眼，卻苦了北宋的百姓。

第九章

其實我是個木偶
——明英宗朱祁鎮

他是一位「傳奇皇帝」。

他早早就被立為太子，又早早登基做了皇帝；

他引發了明朝宦官專權的開端；

他統治的時期成為了明朝由盛轉衰的拐點；他當過皇帝，做過俘虜，然後又當了皇帝，可以說是命運多舛。

這個人正是大明王朝的第六位皇帝，

明英宗——朱祁鎮。

明英宗

朱祁鎮

身分：明朝第六任皇帝
生卒年：西元1427年～西元1464年
父母：明宣宗、孫貴妃（存疑）
愛好：不詳（傳說是天文）
座右銘：王振說的都是對的，錯的也是對的
上榜原因：我就相信宦官，怎樣！

中國封建王朝經歷了兩千多年的歷史，在這段歷史的長河中，明朝是一個不可不說的朝代，因為它是中國歷史上最後一個由漢族統治的封建王朝。

　　對於明朝，歷史上的評價可以說是褒貶不一，有人說它是落後、軟弱的朝代，也有人說它是一個很厲害的朝代，雖然是眾說紛紜，但有一點卻是肯定的，就是這個朝代在位的皇帝，沒有幾位是兢兢業業做皇帝的，大都是各忙各的，可以說明朝多昏君。什麼「木匠皇帝」、「蟋蟀皇帝」、「將軍皇帝」等等，這些都是明朝皇帝中一顆顆耀眼的明星，做出的事情不僅匪夷所思，而且令人瞠目結舌。

　　當然，在這些個皇帝中，還有一個更加傳奇的人物，我們姑且叫他「傳奇皇帝」吧，他可以說是繼明朝的開國皇帝朱元璋之後，另一個傳奇的人物。他早早就被立為太子，又早早登基做了皇帝；他引發了明朝宦官專權的開端；他統治的時期成為了明朝由盛轉衰的拐點；他當過皇帝，做過俘虜，然後又當了皇帝，可以說是命運多舛。這個人正是大明王朝的第六位皇帝，明英宗——朱祁鎮。

傳奇的出生

朱祁鎮從一出生可能就註定了他一生的傳奇性，因為至今為止，關於誰才是他的親生母親這件事上一直就有著頗多的爭論，而且直到現在大家也無法統一觀點。不管他的母親是誰，他是明宣宗的親生骨肉這件事是不容置疑的，而且他最後也做了大明王朝的皇帝，但正因為其出生的不確定性，也就替這位皇帝傳奇的一生增添了更加神奇的一筆。

根據《明書》和《明實錄》記載，英宗的母親就是孫貴妃，於宣德二年十一月，生下了小朱祁鎮。而還有一種說法是朱祁鎮本由一位宮女所生，孫貴妃為了能在後宮佳麗之中獨佔皇帝的寵愛，從宮女那裡抱養而來。這種說法甚至得到了《明史》的認同。那麼本篇故事就按照這一說法，回到英宗還沒出生的那個年代。

英宗的母親孫貴妃由於長相出眾，工於心計，知道如何討得宣宗皇帝的歡心，因此，在後宮的位置幾乎可以與宣宗的胡皇后並駕齊驅。本來宣宗對這一后一妃是很公平的，也沒有說偏誰向誰，大家過得還算和和氣氣。但可惜天公不作美，這一后一妃雖然和皇帝在一起多年，但不管是胡皇后還

是孫貴妃都沒能為明宣宗添個小皇子。自古皇室家族都是母憑子貴，誰先生了皇子，那在皇帝心目中的分量是完全不可等同的。因此兩個人都很著急。

但說到底，胡皇后還是太過老實了，雖然自己生不出兒子，卻也沒有想什麼歪門邪道，沒出過什麼壞點子。

但孫貴妃不一樣，相比起胡皇后來說，她在如何爭寵這件事上更加經驗老到，眼看著自己年紀一天比一天大了，卻還生不出兒子來，不禁心生一計。

原來，她一直都派自己的親信在宮中四處打聽，看有沒有哪個宮女曾經被皇帝臨幸過，而且還懷有身孕。為了尋找這麼一個合適的人選，簡直煞費苦心。最終，還真讓她找到了這麼一個人，就是明英宗的親生母親，但由於史書上對這個人並沒有記載，因此姓名也就無從考證了。

孫貴妃找到這個人後，就開始為自己編排了一系列的謊言，好讓皇帝和宮裡的眾人相信她真的懷孕了。為了不露痕跡，她先把宮女祕密地藏了起來，關到與外界隔絕的地方，並安排自己的親信給她送吃的和喝的。接下來，她又花了大筆的銀子來賄賂太醫，這樣外界才會認為她是真的懷孕了。

而且，當時她也確實是皇上的心肝小寶貝，那些後宮的太監、宮女也都是機伶的人，更不敢得罪於她，所以也沒有人敢對外宣揚此事。因此，這件事竟然真的讓她瞞天過海了。

十月懷胎，一朝分娩，這個宮女終於在宣德二年（西元1427年）十一月十一日生下了一個孩子，而且還是個男孩。聽說這個消息的孫貴妃很高興，立刻派人將孩子抱到自己身邊，並且不露風聲地把孩子的親生母親祕密處死了。

一切都搞定之後，孫貴妃裝成軟弱無力的樣子，讓人趕快去通知皇帝，說自己生了個男孩。明宣宗本來就苦於自己沒有兒子能繼承皇位心裡正急得很，猛然聽到有人來報說孫貴妃生了兒子，立刻欣喜若狂，也顧不得皇上的架子，恨不得插上翅膀到孫貴妃的宮中親手抱抱自己的兒子……。

這皇帝這種狀態，幾乎都迷迷糊糊了，哪還有那個閒心去想這孩子的母親是誰啊，更何況此時誕下龍子的孫貴妃可是有功之人，難道不去誇獎還要去懷疑她嗎？這根本就不合常理啊。因此，孫貴妃就名正言順地成為了明英宗的親生母親。

明宣宗初得皇兒，成天都喜滋滋的。他在朱祁鎮還不滿四個月的時候，就興致勃勃地立他為太子。才四個月，就迫不及待地把孩子立為太子了，可見他有多疼這個兒子。他的這一舉動，也使得朱祁鎮成為了明朝最小的儲君。

封了太子之後，明宣宗還覺得差點什麼，又借此機會廢掉了沒有為他生出一個兒子的胡皇后，立朱祁鎮的母親孫貴妃為皇后。明宣宗辦這件事時完全沒有顧念夫妻的情分，而這件不太光彩的事情，也在宣宗英明的一生中留下了一個污

點。

不管怎麼說，兒子也有了，皇后也改了，以後的日子也就能順順利利了吧。但也許是明宣宗天生福薄命薄，或者直接說他沒有兒子命，兒子剛出生沒幾年，他這個當老爸的就去跟閻王爺喝茶去了，這對於當時才九歲的明英宗和後來變得窮途末路的大明王朝來說，不僅是一個遺憾，也是一個巨大的損失。

如果明宣宗朱瞻基能夠多活上幾年，哪怕只是等到朱祁鎮長大成人，恐怕日後的大明王朝也不會有那麼不堪的模樣，歷史說不定真的會重新書寫。

但是這一件一件的事情，對於才九歲的朱祁鎮來說，交織著幸運與不幸。

沒有經過其他朝代那種骨肉相殘的皇位之爭，順利地、早早地登上帝位，對於他來說是幸運的；但在還未懂事之前，就過早地失去了父親，沒有了父親的諄諄教導，使得他年少時期的世界觀、人生觀和價值觀都產生了偏移，沒能得到正確的形成，對於他來說又是十分不幸的，這也成為他後來悲劇的起點。

而正是從他父親去世的那一個時刻開始，明英宗朱祁鎮的傳奇一生，才真正地拉開了序幕。

我就喜歡王振，怎樣

在講明英宗之前，我們不得不先提到一個人，因為這個人對明英宗乃至後來整個大明王朝的命運產生了重大影響，他就是大太監王振。

王振一開始並不是太監，所以和那些從小就進宮當太監的人不一樣。最早的時候，王振只是一個地方上的教書先生，也算是熟讀詩書，有一定的文化底蘊。但說實話，在那個年代當教書先生也只能勉強混口飯吃，有的時候連溫飽都成問題，因此王振那時候過得一點也不順心。

但他這個人的野心和抱負還是很大的，也並不滿足於只做一個在小地方教書的窮先生，他只想等一個機會，一個能讓自己飛黃騰達的機會。這個機會很快就來了。

某一天，宣宗皇帝下了一道聖旨，這個聖旨的內容用白話文來說，就是那些在地方上混得不好的人，可以來宮裡面當太監。這樣算下來，也就是可以在宮裡面當官，這個消息對於王振來說就像一針強心劑。

那個時候，王振並不是孤家寡人一個，而是已經娶了老婆，生了孩子。但王振沒有半點猶豫，他有自己的理想和抱

負，怎麼會讓老婆、孩子束縛了自己，成為自己平步青雲路上的絆腳石呢？於是，他毅然決然地對自己下了狠手，為了所謂繁華似錦的前途和榮華富貴的生活，切掉了自己作為男性的象徵，進入深宮。所以說，人要想出人頭地，就得對自己狠一點。王振深知其中的道理，從他最開始的手段來看，他後來能夠專權也就可以理解了。

入宮之後，王振憑藉著自己肚子裡的墨水和花言巧語，獲得了明宣宗的歡心。明宣宗一看，這個人還真有點才華，不管真假，平時還能說個兩句詩文什麼的。於是，明宣宗讓他在宮裡面教書。

想來王振應該還是有些真才實學的，不然也不會因為教書而使自己在宮中大受歡迎。宣宗看到王振做得這麼好，心裡自然也十分高興，正好自己的寶貝兒子也到了上學的年齡，不如就把他交給王振教導。這樣一來，王振一下子就飛上枝頭變鳳凰，成了皇太子的老師。

別看同樣都是教書先生，但教的對象不一樣，受到的待遇自然也就不一樣，就因為王振當了朱祁鎮的老師，才為他後來的仕途開拓了一條光明大道。

照此看來，王振在朱祁鎮很小的時候就已經陪伴在他的身邊，教他讀書寫字，舞文弄墨，而且這個老師是明宣宗親自選出來的，因此朱祁鎮打從心裡尊重這個老師，平時都稱他為先生。而王振眼見眼前的這個小太子，雖然年紀尚輕，

但看宣宗對他的態度，估計皇帝的位置十有八、九就是他的，於是對小太子也是小心翼翼地教導，因為他把自己未來的希望全都賭到了這個小太子的身上，他相信未來他和太子必然是一榮俱榮、一損俱損。

王振的賭注雖然下得有點大，但他的賭運卻是相當好。在他教太子讀書沒幾年，太子剛九歲的時候，明宣宗駕崩了，小太子如他所願地繼承了皇位，成為了大明王朝第六位皇帝，年號正統。這之後就是明英宗朱祁鎮的傳奇人生，也是他王振傳奇一生的開端。

王振本來算計得非常好，精明的明宣宗去世了，這個小太子還什麼事都不懂，又從小和自己在一起，對自己幾乎是言聽計從，想必自己能夠獨掌朝政，做到一人之下萬人之上並不是什麼困難的事情。

但他忽略了一件事，這個小太子在初登帝位的時候，說的話並不算數，因為在小太子的身邊有著一干人等的輔佐，論朝廷大事，還真輪不到他王振來插嘴。而這些人裡面最有分量的就是朱祁鎮的祖母，當時的太皇太后張氏。

其實朱祁鎮最後能當上皇帝，還真應該感謝他的祖母，如果沒有這個人，這個皇位是誰的還不一定呢。一來宣宗死的時候，朱祁鎮年齡太小，沒有擔當皇帝的能力。二來有關他親生母親到底是誰這件事情一直在宮中口耳相傳。所以在明宣宗剛死的時候，小太子朱祁鎮的地位動盪飄搖，以至於

宮中相傳會有外來的藩王繼承帝位。就是在這種情況下，張太皇太后力主讓朱祁鎮坐上了皇帝的位置，並為他選擇了五位輔政大臣。

　　正統元年，也就是西元1436年，太皇太后把小皇帝帶到了五個人的面前，並將他們一一介紹給小皇帝。介紹完畢後，太皇太后指著五個人問朱祁鎮：「這五個人你可都認清了？」朱祁鎮並不明白其中的道理，只能似懂非懂地點了點頭。太皇太后微微一笑，又問：「他們的長相和名字你可都記下了？」

　　小皇帝看了一眼祖母，又看了看眼前的五個人，再次重重地點了點頭，大聲地說：「我記下他們是誰了。皇祖母接下來還要吩咐什麼？」看著懂事的小皇帝，太皇太后和五位大臣雖然想笑，卻仍然是一臉嚴肅。

　　太皇太后對朱祁鎮語重心長地說：「這五位大臣都是你父皇生前挑選出來幫你治理國家的。他們個個都是大忠臣、大賢士。以後在你當皇帝的時候，如果想做什麼事情，一定要先徵得這五個人的同意，他們點頭了，你可以做。如果他們不點頭的事情，你萬萬不可以一意孤行，以免給大明王朝造成大錯。明白了吧？」

　　朱祁鎮在五位大臣感動的淚光中點了點頭，回頭又問太皇太后：「皇祖母，這些人裡為什麼沒有王振啊？」

　　提到王振，剛才還在微笑的太皇太后臉瞬間變得嚴肅起

來。她吩咐人將王振宣入宮中。

王振這個時候還在做著他的春秋大夢，想著皇上登基之後自己的榮華富貴就會享之不盡，用之不竭，心裡正樂的呢，忽然得太皇太后的懿旨說要宣他入宮，他心裡竊喜，想是有什麼好事情要發生了，殊不知此次入宮真是吉凶難料啊！

進得宮中，見太皇太后為首，皇帝朱祁鎮坐在正中，五名輔臣分列兩旁。見王振已到，太皇太后剛剛還和顏悅色的臉一轉變得殺氣騰騰。

太皇太后一指王振，嘴裡說道：「王振，你身為宦官，仗著當初與太子親近，做盡了不法之事。如今皇帝初登大寶，萬不能再任由你胡作非為，今日不殺你，恐怕日後難免留下禍患。」話音剛落，旁邊的禁衛軍已經應聲將刀斧架在王振的脖子上。

王振嚇得幾乎癱軟在地，如果不是旁邊有人架著他，恐怕他就如爛泥一般了。這一景象不光嚇到了王振，也出乎朱祁鎮和眾位輔政大臣的意料，誰也沒承想太皇太后竟然有此一招，都大驚失色。

朱祁鎮是第一個回過神來的，眼見著自己平日裡尊敬的老師如今竟然要成為刀下之鬼，雖然平時王振確實有些狂妄自大，但他對自己卻是個很重要的人，因此，當即給太皇太后跪下，求太皇太后能夠看在他的分上對王振網開一面。

　　這時，旁邊的大臣看到皇上跪下求情，也都紛紛跪倒，請求太皇太后能夠饒王振一命。太皇太后看到這麼多人為王振求情，心裡也就動了惻隱之心。

　　其實當時王振並沒有做什麼大到非得要以死謝罪的壞事，雖然平時常常想著要成大事，但也都只是在心裡想想，萬萬不敢在外人面前表現出來。太皇太后也並不是真的想殺他，只是怕日後會有宦官專權的局面發生，因此想先來個下馬威，要起到敲山震虎的作用。沒想到竟然還會有這麼多人為他求情，也就順水推舟，收回成命。當下吩咐人放開王振，但嘴上並沒有鬆口，對王振說：「哀家今天本來要殺你，但這麼多人為你求情，特別是皇帝也為你說話，姑且就先饒了你。但你不要心存僥倖，要在心中牢記哀家今天對你說的話，日後不要妄想干涉國事。」

　　王振剛才幾乎走到鬼門關了，現在又被拉了回來，心裡正慶幸，哪敢不聽從，嘴裡也不住地謝太皇太后不殺之恩，忙不迭地退出大殿。

　　但這件事在王振心裡留下了巨大的陰影，一想到太皇太后當天那恐怖的、要殺人的眼神，心裡就不寒而慄，因此對太皇太后心存顧忌，凡是做事情之前都要先想想太皇太后，才敢決定這件事情該不該做。

　　而太皇太后自從那天開始，雖然饒了王振的死罪，但還是沒少折磨他。她三天兩頭就派人去把王振叫到她身邊痛罵

一頓，弄得王振都快得了心理疾病，無時無刻不被太皇太后巨大的陰影所遮蓋，連晚上做噩夢都是太皇太后的影子，這個陰影在他的心裡一待就是七年的時間。

當然，除了太皇太后之外，那五個輔政大臣也對王振有著震懾的作用，特別是內閣大臣楊士奇、楊榮和楊溥（號稱三楊），他們都是前朝元老，在朝中享有很高的威望。王振根本不敢和他們硬碰硬。因此，在這兩股勢力的壓制下，那個時候的王振根本不敢有什麼太大的動作，每天都過著笑面虎般的生活，但在私底下卻一點都不浪費時間，十分注意拉攏關係，培養自己的勢力，為自己以後能夠獨掌大權而鋪路。

與此同時，他還對明英宗朱祁鎮百般討好，想方設法地博取皇帝的歡心，在對皇帝言聽計從的假象下，做著實際對皇上的行為和思想進行控制的事情。而這些，少不更事的明英宗根本沒有察覺，以至於被這個老奸巨猾、自己奉為恩師的人蒙蔽了一輩子。

今天，大家談起那段歷史的時候恐怕都會認為，如果王振在那個時候真死了的話，整個大明王朝的歷史勢必就會改寫了，以後可能真就沒大清王朝什麼事了。但歷史永遠沒有如果，沒有回頭路可走。

還是最信王振

　　正統七年，太皇太后去世了。三楊當中的楊榮已經在正統五年先行辭世，剩下的二楊中楊士奇因兒子殺人一事引咎辭職，而楊溥雖然仍在位為官，但卻也沒了往日的風采。這些阻礙著王振的力量隨著太皇太后的去世土崩瓦解了。

　　明英宗從這一時刻開始，就被王振帶著走上了一條不歸之路。

　　管事的人死的死，殘的殘，離位的離位，這回王振可就沒有什麼顧忌了。於是他開始變著法兒地糊弄皇帝。

　　那個時候的英宗已經十五歲了，但十五歲以現在來看的話，三觀(世界觀、人生觀、價值觀)還沒有正式形成，特別是他的三觀基本都是受王振的影響，分辨不出來忠奸也就不難想像了。因此，就在他十五歲的時候，他為王振日後專權朝政做了一件十分荒誕，可以稱得上是助紂為虐的事情。

　　正統六年的十月初一，北京新宮建成了。為了慶祝新宮的落成，英宗在奉天殿內設酒席宴請文武百官，但王振沒有在請之列。

　　其實英宗並不是不想請王振入席，主要是因為明太祖朱

元璋曾明文規定，宦官不得參與外臣的宴會，同時還規定太監不可參與朝政，為的就是怕出現太監專權的現象，這就從根本上展現了宦官和普通外臣的重大區別。

雖然有祖宗法制規定，但英宗在心裡卻覺得對王振有所愧疚，因此還特意派人去安慰王振，希望他不要把這件事情放在心上。

但王振卻還是很生氣，他覺得英宗這種做法，幾乎快否定了他之前所做的種種努力。自己已經在大小事情上都滲透給英宗，他對於英宗是很重要的人，但在關鍵時刻英宗竟然還是棄自己而選擇遵祖宗之法，如果繼續這樣下去，自己真的就沒有辦法參與政事了。

因此，他要來安慰他的人給皇帝帶個話，話只有一句：「周公輔成王，我唯獨不可一坐！」要不怎麼說太監不可怕，就怕太監有文化呢。他把自己比喻成了周朝時的周公旦，意思是說，同樣都是輔佐皇帝的人，我怎麼就不能得到應有的待遇呢？來人把話帶到英宗那兒，英宗更是覺得自己做得有些過火。於是他做出了一個驚世駭俗的決定，大開東華中門恭迎宦官王振。

這個決定對於封建禮教來說，絕對是一個不小的衝擊，同時也是對明朝的先祖制定的法制的否定。

他下令把中門打開，並且讓文武百官下跪迎接一個宦官，這種做法本身就是對大明王朝和文武百官的一種污辱，

但這個十五歲的小皇帝卻就這麼叛逆地做了，而且做得很徹底。

這件事情之後，王振在朝中的勢力越來越大，而那些平時就對王振溜鬚拍馬的人更是對他百般奉承，使得王振越來越得意忘形。

終於在正統七年，太皇太后張氏剛剛去世不久，明太祖朱元璋當年立在宮門口的上面刻著「內臣不得干預政事」的三尺鐵碑被砸了個稀巴爛，從這一刻開始，宦官把持朝政，在明朝開始走上了一條名正言順的道路，而為這條道路掃清了障礙的不是別人，正是明英宗朱祁鎮。

此時的王振已經是非常囂張了，在內他有皇帝對他一百個信任，在外，他有一批小人臣子在他身邊跟進跟出，奉迎拍馬，簡直就是春風得意。

但即使是這樣的王振，也會有一些人不買他的帳，對他並沒有什麼好臉色，甚至常常和他作對。這其中有兩個很著名的人，只不過這兩個人在王振掌權時期的下場是截然不同的。

這其中一個人叫劉球，是永樂年間的進士。這個人為人耿直，敢於直言進諫，對於那些大奸大惡的不法之徒很是看不過去。因此，對於宦官王振，劉球根本就不把他放在眼裡，並且把自己人生最大的樂趣都建立在和他唱反調的基礎上。

正統六年的時候，明英宗朱祁鎮在王振的挑唆下，打算征戰麓川，向那裡大舉發兵。這場戰爭打了十數年，連年的征戰為老百姓帶來了極大的災難，

勞民傷財，消耗了明朝大部分的國力，這本身就是一件吃力不討好的事情。當時很多人都看出這件事的結果，並且認為這場仗打不得。不過真正敢出來說話的人就只有進士劉球。

但據史書記載，這場戰爭最終還是打贏了，由此可見，當時皇帝朱祁鎮壓根兒就沒把劉球的上書當一回事，因為在皇帝的心裡，這個建議是王振提的，只要是王振提議的事情，就絕對不會有錯。

所以，當皇上看到劉球奏摺的時候，只回了一句話：「帝不用球言。」雖然這件事情最後的結果是皇帝朱祁鎮我行我素，但卻把劉球的未來完全堵死了，將他帶向了死亡。因為，王振已經在心裡記住了他。

過了兩年，也就是正統八年的五月二十五日，北京下了一場百年不遇的大雨，在這場大雨中，紫禁城奉天殿的鴟吻突然被雷劈中，英宗感到非常害怕。因為古代對這種天打雷劈的事情是十分講究的，但凡這些，都被看成是不祥之兆。

於是，明英宗趕緊布置祭壇向天禱告，祈求祖宗和神靈的庇佑，而且還下了一道命令，希望朝臣能夠多多給自己諫言，讓自己每天都可以三省其身，看看是不是自己這個皇帝

哪裡做得不到位，才引起了天怒。

這事擺明了就是皇上說出來做做樣子的，俗話說「江山易改，本性難易」，他明英宗朱祁鎮打小就跟王振混在一起，接受他的言傳身教，三觀早就定型了，現在要他改，那不比讓母豬上樹還要難上加難嗎？

但有些死心眼的人看不出這其中的奧妙，偏要上書給皇帝，劉球就是其中之一。劉球一看皇帝有要改過自新的想法，心裡有說不出的高興。他在家憋了好幾天，揚揚灑灑地寫了好幾大篇的東西，就是後來名為《修省十事疏》的奏摺。

在奏摺裡，他反覆強調「政由己出」，甚至列舉了太祖皇帝朱元璋和明成祖朱棣的所作所為來教育皇帝，同時也表達了自己對王振這個宦官專權的極度不滿。這不是自己給自己找事嗎？本來之前他出的那些事，已經惹得王振心裡老大不高興，現在又明裡暗裡地諷刺他，這樣一來，更加堅定了王振要幹掉劉球的決心。

六月初三，王振就找了個藉口把劉球送進了監獄。九天之後，王振又派他的親信，錦衣衛指揮使馬順殺死了劉球，劉球死狀十分之慘烈，據說是被肢解而死。一代忠臣，為了大明江山忠心耿耿，卻這樣死於奸人之手，真是一場悲劇。

這之後，王振更加肆無忌憚，因為皇帝壓根就沒有為了這件事情而責罰他，甚至連過問都沒有過問，因此，王振完

全沒有了顧忌，開始獨斷專行地排除異己，凡是有不順從自己意思的全部都找罪名處死。

在這期間，死於王振之手的官員不計其數，雖然這些人的罪名安得風格迥異，但歸根結底只是因為一條原因，就是「順王振者昌，逆王振者亡」。

而在王振這一系列的排除異己的過程中，明英宗朱祁鎮的態度讓很多的忠臣良將感到心寒。其中最著名的一個案子是錦衣衛的一個獄卒上書陳述王振的種種罪惡，被王振以妖言惑眾為名，做出處死的判決。而英宗對於這個罪名，沒有一點異議，只是說「不必覆奏」。

這簡直就是漢朝時期「挾天子而令諸侯」的翻版，唯一不同的是，人家漢獻帝是無可奈何，明英宗卻是明知如此，還一意孤行。這對當時那些真心為大明江山社稷著想的朝臣來說，簡直就是錐心刺骨的傷害。

受到這種傷害的還有當年五個輔政大臣之一的英國公張輔。在太皇太后還活著的時候，他被委以重任，幫助小皇帝明英宗治理國家。但在太皇太后去世，「三楊」倒臺後，張輔也受到了王振和其同黨的排擠和欺壓。

因為王振的得勢，一班太監都跟著沾了不少的光，有幾個人也因為跟王振走得比較近而受到皇帝的喜歡，在朝中除了王振，其他的文武官員都不太放在眼裡。其中有一個叫喜寧的太監，總是想方設法地打壓張輔，幾次三番想強佔張輔

家的田地和大屋卻始終未能如願，為此其弟喜勝還帶著一幫小太監打到了人家家裡，將張輔家已經懷有身孕的女眷毆打至流產身亡。但即使這樣，喜寧也沒能占得人家的房子和地。但是喜寧不肯甘休，仍舊不依不饒地想著怎麼把張輔幹掉，然後好把人家的東西全都占為己有。

終於有一天讓他想到一個毒計，就是要當地的縣官去給皇帝上書，誣告張輔侵佔了良田二十餘頃。本來一眼就能看出這是一件冤案，但皇上非但沒給張輔平反，反倒讓張輔將田地歸還，不得不說他是宦官專權的幫兇，是使大明王朝由於宦官專權而走向滅亡的罪魁禍首，理應被釘在歷史的恥辱柱上，即使後來他做了一些有益的事情，也不能抹掉他的污點。

當然，就算是這樣，也依然有一些不懼宦官勢力的硬骨頭，其中之一就是明朝時期的名將，寫出了「千錘萬鑿出深山，烈火焚燒若等閒。粉骨碎身渾不怕，要留清白在人間」的于謙。

我們知道在當時朝政基本上已經被王振一個人把持住了，他開始想盡一切辦法幫自己斂財，因此做出了一項規定，規定指出，凡是外地官員來京或者是官員出巡迴京，都要為他帶一些珍奇特產、金銀珠寶，以示對他王振的孝敬。禮物的多少王振不挑，不管怎麼說，都得對他意思意思，有錢就給錢，千八百兩不嫌少，萬兩白銀不嫌多；沒錢的話也

要請他吃個飯，讓他落個食飽。如果這兩樣都不願意做的話，這個官員就有點不像話了。

而于謙就是這種「不像話」的官員。每次進京或者返京，他都是空手而來，什麼王振根本就不放在眼裡。當時也有人勸他，要他別這麼死心眼，畢竟當時王振是皇帝眼中的紅人，而且那麼多人都死在他的手下，跟他作對恐怕不會有什麼好下場。

于謙的朋友都跟他說：「你這人還真是死心眼，金銀珠寶你不願意給他，難道你請他吃頓飯還不行嗎？能浪費你幾個錢？再說，如果連飯都不願意請，你就在你去的地方買點特產，也算是對他的一番心意，他自然就不會再挑你的毛病，找你的過錯了。」

于謙也不含糊，聽到朋友這樣說也沒有任何反應，只是微微一笑，甩了甩袖子，說：「要錢要東西要吃飯都沒有，有的只有『兩袖清風』。」並且他還特別為此寫了一首叫《入京》的詩文以明志。

詩中寫道：「絹帕蘑菇與線香，本資民用反為殃。清風兩袖朝天去，免得閭閻話短長！」這也是成語「兩袖清風」的出處。這首詩表明了于謙清正廉明的心志，同時也受到了百姓的歡迎，一時之間流傳甚廣。最為搞笑的是，有一次于謙奉命去山西出差，回來之後仍然是兩手空空，甚至連山西老陳醋都沒給王振帶上一瓶。

　　王振哪遇過這種倔脾氣的人，在于謙那裡碰了一鼻子的灰，心裡自然充滿了憤恨，總想找個機會整治一下于謙。王振這個人大家都知道，對於不給他面子的人，他總會找到各種罪名來收拾那些人。

　　這次于謙連一瓶醋都沒給他帶，擺明了是不把他放在眼裡，因此他一怒之下，把于謙給關了起來，並假借他人之口彈劾于謙，說于謙因為長期得不到皇上的提拔，心生不滿，擅自推舉別人來替代他自己，經司法部門的決定，要判處于謙死刑。

　　但王振在人脈這個問題上太小看于謙了，正因為于謙的不卑不亢，才使得他在朝中有著很好的名聲，在百姓之間也有著很高的聲望。因此，當百姓聽說于謙竟然被人以「莫須有」的罪名判了死刑之後，群情激憤。數以萬計的人聯名上書，要皇帝查清此事，把于謙放出來。

　　不僅如此，很多的朝中重臣也紛紛出面替于謙說好話，希望朝廷能夠收回成命，最後竟然驚動了一些地方的藩王，他們也都替于謙出頭。這些藩王可不是好惹的，他們威脅王振，告訴王振不要把事情做得太絕了，否則就讓他吃不完兜著走。

　　王振雖然握有大權，但讓他和藩王對著幹，他還沒有那麼大的膽量，更何況眼看著本來只想對付于謙，不料卻激起了民憤，使得自己下不了台。

　　王振這才知道自己碰了于謙這個燙手山芋，結果是給自己弄了個豬八戒照鏡子，裡外不是人。為了給自己個臺階下，他只好說以前自己認識個叫「于謙」的人，和自己有些恩怨，而導致自己有點頭腦不清楚，把這個于謙和那個「于謙」弄混了……。

　　這種瞎話恐怕連小孩子都不會相信，可英宗卻沒懷疑什麼。於是，王振在百姓和眾位藩王的脅迫下，一百個不情願地把于謙放了出來，但還是將于謙降為大理寺少卿。

　　本來王振想得好好的，這樣的做法既堵了老百姓的口，還給自己留了些許的面子。但他沒想到，即使是這樣，百姓也不高興，因為他把于謙給調走了。

　　當時于謙負責的地方的百姓又有眾多的人出面，跪在宮門前向皇帝聯名上書，不希望于謙走，要讓于謙留任。這回王振和皇帝都沒辦法，只好讓于謙又當回了他的山西巡撫。這恐怕是王振在排除異己時唯一失手的一個。

　　總之，明英宗對王振比對自己親爹還要好，不僅對他言聽計從，而且對他身邊的人也是很照顧，心情好的時候，就會給王振及他身邊的太監賞賜。而且，明英宗還特別宣布，太監的親戚什麼的，也可以當官，當的官還可以世襲，這簡直就是歷史上第一大的笑話，但明英宗卻真的這麼做了，為此後宦官世襲官職打開了一扇方便之門，簡直是荒誕至極。

又一個奇恥大辱

　　王振現在應該可以心滿意足了，現在的他不只享有聲望、名利，自己的親戚也跟著自己雞犬升天，有吃有喝，有玩有樂，按道理來說，他已經沒有什麼遺憾的事情和想追求的事情了。

　　但人的欲望可能永遠都是無止境的，雖然王振擁有了這麼多，但他依然不安於現狀，他希望做更多的事情，讓自己在青史上留名，就因為這樣，他盯上了戰爭，他知道，只要他能贏得一場戰爭，就絕對可以成為載入史冊的大英雄。他在等這樣的一個機會，而竟然在沒過多久之後，就讓王振盼來了這個機會。

　　本來明成祖朱棣曾經五征蒙古，把蒙古打得一點脾氣都沒有。但隨著明朝的國力有走向衰落的趨勢，一股蒙古勢力瓦剌開始在外域慢慢地崛起。

　　瓦剌的首領是個聰明人，因為他明白和明朝硬碰硬是不可取的，只有慢慢地滲透才行。因此，瓦剌就開始跟明朝做生意。

　　說是做生意，不過也就是帶著蒙古的那些特產，牛羊、皮貨什麼的到中原來，而明朝則賣給蒙古瓷器、絲綢等東

西。在這樣的貿易中，明朝政府趁機大撈了一筆，因為牛羊肉可以不吃，但蒙古那邊需要的日用品卻只能從明朝這邊進口，因此，明朝就開始坐地起價，以為自己和蒙古做的是一本萬利的買賣。

但慢慢地，明朝這邊的人就發現，事情和自己的想像不太一樣，有著很大的出入。因為人家蒙古那邊牧牛、牧羊的事，幾乎沒什麼成本。而明朝這邊不一樣，每一種產品都凝聚著工人的心血，成本也比牛肉、羊肉高多了，而且生產量也不是很充足。因此，交易久了，明朝在供貨方面就有些力不從心了。

在這期間，最為積極促成這些交易的人就是王振。大家可能想了，難道王振轉了性格，開始為朝廷著想了？當然不是了，王振絕對是狗改不了吃屎，他之所以願意促成這些交易，完全是因為瓦剌的首領也先每次都會給他很多的回扣，要不然這種視財如命的人怎麼會這麼容易就幫別人。

但是後來也先可能也就慢慢把這事給忘了，他忘了不要緊，但王振那邊沒忘，他開始大肆地收拾這幫來進行交易的蒙古使節，還沒收了人家許多的牛羊。

他這一強硬，也先也怒了，終於讓他逮到了一個攻打明朝的藉口，於是，在明英宗正統十四年（西元1449年）的七月，也先帶著蒙古騎兵，兵分四路對大明王朝發動了猛烈的進攻。戰爭之火，開始燎原。

　　朝廷內外，一片混亂，每個人心裡都有自己的算計。但只有一個人既鎮定，又興奮。這個人就是王振，他覺得上天終於給了他嶄露頭角的機會。

　　戰爭打得很激烈，不得不承認蒙古人是很會打仗的，在戰爭開局後沒多久的時間，明朝在大同的守軍就開始節節敗退。

　　朝廷的大臣們經過幾天的軍事作戰會議，終於選出了援軍的先鋒，駙馬爺並源。並源本來就是將帥之才，在帶兵打仗方面很有經驗，也很有頭腦。本來把接下來的事情交給他應該是不會有什麼問題的。但王振不甘心把出名的機會讓給別人，於是，他開始慫恿皇帝，說現在正是皇帝親自帶兵出征的好機會，不僅可振我軍威，還肯定會助明朝軍隊旗開得勝。

　　本來明英宗朱祁鎮已經做了十來年沒有心眼的皇帝了，更何況對於王振說的話，他從來都是深信不疑的，因此想都沒多想，就同意了王振的想法。於是並源在剛出兵的第二天，就收到了明英宗要御駕親征的消息。

　　這可真是要了這些大臣的命，剛聽到這個消息，幾個大臣差點沒嚇得心臟病發。一國之君，說上戰場就上戰場，這是鬧著玩的嗎？更何況一直在皇宮養尊處優慣了的皇帝，哪裡會上戰場打仗啊！因此，當時有很多人都站出來反對，其中就有于謙一個。

大家是苦口婆心地勸，長篇大論地說，可是都沒能打動明英宗。當然，因為明英宗只聽王振一個人的話，在皇帝的心裡，這些大臣七嘴八舌，你一言我一語說得這麼多，都沒人家王振放的一個屁好聽。所以，皇帝此行去意已決，就下令大家不必再勸了，只管準備。

眾臣子沒了辦法，怎麼辦？皇上不聽勸也就罷了，更何況大臣們對這件事真就沒抱什麼希望，只能硬著頭皮幫皇上想辦法。最後想了一個辦法，就是由兵部尚書鄺埜陪著皇帝一起出征，而由于謙暫時代理兵部的諸多事宜。

當然，最後的結果證明了大臣們當時這一項決斷是多麼英明。

明英宗正統十四年（西元1449年）七月十七日，朱祁鎮和他的愛臣王振一起，帶著五十萬大軍，浩浩蕩蕩地出征了。此次隨軍前往的還有很多在當時可以稱得上是明朝棟梁的官員，但最後能夠活著回來的人卻寥寥無幾。

就在他們出發的同一天，在兩軍的主戰場大同，雙方正在進行著你死我活的廝殺，最後不幸的是，明朝的軍隊幾乎全軍覆沒。而在這之後的十三天，明英宗大軍才趕到這裡，這個時候，也先已經養精蓄銳很久，就等著和明英宗放手一搏了。

看情況已經是這麼危急了，可是偏偏在這個時候，王振說他一晃離家已經多年，此次正好離自己家不算太遠了，因

此想回家看看。

明英宗不好拒絕，更何況他覺得自己的愛臣有這麼點願望難道還能不滿足嗎？於是他不僅同意了，還答應親自陪王振回老家看一看。於是，皇帝、王振帶著大軍開拔轉身朝王振老家的方向。

本來如果真要是按王振的想法，一路往他的老家行軍，之後的一切事情可能都會避免了，但王振中途不知道又有哪根筋短路了，突然說五十萬大軍路過，一定會踩壞了莊稼云云，當然，後來有史學家研究說，那一段路的莊稼都是屬於王振自己的，因此他才會突然之間冒出這種想法來。

總之，一切的一切好像都已經是天註定了一樣，這支五十萬人的部隊被皇帝和王振折騰了一番之後，反被人搶了先機。雖從五十萬人中抽調出五萬精兵奮起反抗，卻也沒逃過這五萬精兵全軍覆沒的慘痛結局。

雖然五萬軍隊全滅，但卻為皇帝明英宗換來了能夠逃出生天的機會。其餘的大軍開始急行軍，只用了三天的時間，就趕到了土木堡，而土木堡再往前，就是軍事重鎮懷來，只要進入懷來，就算安全了。

而這個關鍵的時候，又是王振，這個該死的太監王振出來說話了。他說：「我還有一千多輛輜重車沒到呢，大家先在這裡待命，然後一起入城。」這個決定最終不僅害了他自己，更害了明英宗。

八月十四日的晚上，瓦剌的首領也先對明朝軍隊發起突襲，將明軍圍困在土木堡，但面對明朝的大軍，也先也沒有必勝的把握，因此他想了一條妙計，就是假裝要和明朝和談。

明英宗和王振聽說這個消息，鬆了一口氣。但鄺埜仍然冷靜地分析了也先的計策，覺得此舉不可相信。但這個時候又是王振，你沒有看錯，就是那個在此次戰爭中一而再、再而三犯錯的王振，他說也先已經退兵了，我們也應該趕緊轉移。皇帝點點頭，表示同意。於是，最後一個脫身的機會，就在二人的話語之間，轉瞬即逝。

這之後發生了什麼想必大家都知道了吧，移營中的明軍在蒙古軍的突襲中潰不成軍。老臣張輔、鄺埜等人全部於此戰中喪命。皇帝明英宗也被也先抓為人質，這就是歷史上與「靖康之恥」齊名的「土木之變」。

當然，在這場戰爭中，雖然哀鴻遍野，卻還有一個好消息令人振奮，那就是王振死了。

護衛將軍樊忠在亂軍之中突然意識到今天的一切都是由一個人造成的，那就是王振。於是，他在臨死之前，找到王振，用自己的武器大鐵錘砸碎了王振的腦袋，一代奸臣終於得到了所謂的報應，只是這個報應，來得太晚了。

這之後，也先覺得留著明英宗這個皇帝做人質可以好好地敲明朝一筆，因此，並沒有殺了朱祁鎮。但沒想到的是，

這個人質並沒有如也先所想，能換個理想的價位。

在明英宗被俘之後沒多久，北京那邊就擁立明英宗的弟弟朱祁鈺為皇帝。而也先幾次攻打北京，都被由于謙率領的大軍擊敗。也先手裡的明英宗就像一個雞肋，食之無味，棄之可惜，終於在不久之後被釋放了。

明英宗回到北京後，無可奈何地做起了自己的太上皇。但是，他並不安於此，他覺得命運對他不公，他要拿回屬於自己的一切。於是，在1457年，他發動了「奪門之變」，竟然復辟成功。而成功之後，他做的第一件不得人心的事，就是殺掉了當年北京保衛戰的功臣于謙，只因為于謙是力主擁立朱祁鈺為皇帝的人。這可以說讓明英宗荒誕的一生又增添了一道不光彩。

當然，這之後，明英宗突然一反常態，開始立志做一個好皇帝。他釋放了從永樂時期就被幽禁的建文帝之子，並下旨停止帝王死後嬪妃陪葬制度。

天順八年正月十六日（西元1464年2月23日），英宗駕崩，這個兩度登基的皇帝走完了他傳奇的一生。

其實從整篇故事看下來，好像主角不是明英宗，而是王振。因為從頭到尾，一直都在說王振怎樣怎樣，王振說什麼，王振又說了什麼。但也正是因為這樣，才突顯出了明英宗這個人的荒誕。如果不是他對王振如此順從，把自己置於王振的牽線木偶的地位，他的一生也不會這麼荒唐，這麼無

能。

　　雖然現在很多史學家都傾向於明英宗朱祁鎮是個好人，他善良、正直，他廢除了先帝很多不仁的制度，但即使這樣，也無法掩蓋他不是一個好皇帝的事實。

　　身為皇帝，卻任由王振擺佈，對王振唯命是從，無論他和王振有著多麼親密的關係，也不能作為他事事都遵從王振的藉口。而這樣的皇帝，就是一個誤國、誤臣、誤民的皇帝，如果這樣的皇帝都不算昏君的話，那恐怕南唐後主李煜等人便是大大的明君了。

第十章
其實我是個將軍
——明武宗朱厚照

以今天的眼光來看，朱厚照並不算是一個昏君，
雖然他不務正業，但也沒有疏於朝政，
而且也並沒有將國家的江山社稷棄之不顧，
他也做了很多對國家和民族有益的事情。
說他「不靠譜」完全是因為他的另類思維和與眾不同
的生活方式。

明武宗
朱厚照

身分：明朝第十位皇帝
生卒年：西元1491年—西元1521年
父母：朱祐樘、張皇后
愛好：吃喝玩樂、旅遊、泡妹妹、cosplay將軍
座右銘：不想當將軍的皇上不是好皇上
上榜原因：我不就是愛好廣泛了點嗎！

大明王朝是中華五千年的歷史長河中一朵耀眼的奇葩。為什麼這麼說呢？因為據史書記載，中國古代那些昏君，排得上號、叫得出名的，就數明朝時候最多。

　　但即使是這樣，明朝的科技、政治、經濟在當時世界上仍然處於霸主地位，甚至出現了中國早期的資本主義萌芽，如果不是清軍入關，將其扼殺在搖籃中，恐怕歷史也將改寫了。

　　只是命數這種東西，沒有假設也無法重來，彷彿上天註定一樣。就好像我們要說的這位皇帝朱厚照，他正是閃耀在明朝歷史上的一個傳奇的男子。

　　在歷史題材的影視劇中，除了明太祖朱元璋之外，恐怕朱厚照是被戲說最多的人物。他當年那段出訪江南、遊龍戲鳳的故事在民間實在是很出名，同樣的一段故事，卻有著不同的版本，或者有情有義或者忘恩負義。而歷史上真正的他到底是什麼樣子的呢？您不妨耐心地讀完這段故事。

命中註定的誕生

朱厚照他爹叫朱祐樘，也就是明朝的第九個皇帝。這個皇帝放在今天，絕對是大家生活裡的楷模。他敬業，一絲不苟，一輩子沒有犯過大錯，一輩子沒信錯一個下屬。在他的努力下，明朝進入了歷史上最昌盛的時期，經濟繁榮，國民安居樂業。

不僅如此，他還做了中國帝王歷史上絕無僅有的一件事，那就是一輩子只娶了一個女人，也就是正宮國母張皇后，朱厚照他娘。作為一個能擁有三宮六院七十二妃嬪的皇帝，這絕對是前無古人，後無來者的。

由此可見朱厚照的老爹是一個多麼偉大的皇帝。可是偏偏就是這樣一個吏治清明、勤於政務的明君，卻養育了一個不務正業的兒子。不得不說是造化弄人啊……。

上面提到說，朱祐樘只娶了張皇后一個妻子，且對她疼愛有加。可是不知道為什麼，他和張皇后婚後四年都沒有生出一個兒子。當時那些臣子就急了，這哪行啊？身為皇上，怎麼能沒有皇子來繼承大統啊。你皇上願意過一夫一妻的生活我們不反對，但你的家庭婚姻生活不只是你一個人的事，

這可是舉國上下的大事啊。這麼些年都生不出來兒子，這皇后年齡越來越大，能生出兒子的機會不是越來越渺茫了嗎？

一想到這些，這些臣子再也坐不住了。他們急得團團轉，絞盡腦汁地用盡各種辦法來勸說皇帝再立妃嬪，據說那時候朱祐樘的辦公桌上堆滿了來自眾大臣雪片般的奏摺。不過即使是這樣，也沒能說動朱祐樘。他擺出了一副「他強任他強，清風拂山崗」的「死豬不怕開水燙」的樣子，開始把臣子的規勸中裝聾作啞。

漸漸地，臣子們在他無聲的抗議中變得越來越絕望，他們甚至下定了如果皇上再沒有可繼承的後人就以死勸諫的決心。可是，就在這個時候，一個奇蹟出現了。

大明弘治四年九月二十四日下午申時，這天本和往常沒有什麼不同，朝廷上下宮牆內外都是一片祥和平靜。一幫老臣聚在一起，喝茶的喝茶，下棋的下棋，賞花的賞花，就在這時，有人來報，說宮中傳來消息，皇后已然誕下一子。

消息一出，只見幾位老臣顯然是受驚過度，掉了茶碗，翻了棋盤，折了鮮花，一個個你看著我，我看著你，半晌沒說出話來。其實，如果你生在那個時代，就會明白，他們的表現一點都不奇怪。因為從來也沒聽說皇后娘娘懷有身孕，現在卻突然收到孩子已經出世的消息，任誰也得瞠目結舌，驚訝不已。這萬里晴空，也沒聽打雷，也沒見閃電，更沒見一道七彩之光籠罩於東宮之上的……這皇子怎麼就誕生了

呢？

大家不要小看古人的八卦精神，那可以說與我們現在相比是有過之而無不及。想想那時候也沒電視，也沒網路，吃飽了、喝足了要做什麼呢！坐大樹底下八卦吧！張家長李家短，然而當然最受歡迎的還是帝王家的生活瑣事。再加上那個時候就已經有人把這些道聽塗說編成街頭小報，爭相傳閱，所以關於朱厚照的身世之謎，就被作為明朝人茶餘飯後的話題流傳了好一陣子。

最普遍的看法就是，此子並非張皇后所生，而是孝宗與宮女的私生子，張皇后為了保全其國母地位收養來的。而且，這個流言最後還為奸人所用，假以口實，起兵造反。可見，八卦精神要不得啊。當然，這都是後話。現在最重要的一個事實就是，皇家有後了。

雖然外面因為這些傳言已經傳的沸沸揚揚，但皇上大人朱祐樘卻不為所動。一來對於孩子是誰的，又是怎麼來的他自己心知肚明。二來他對張皇后懷有深切的愛，無論她做出任何事情，自己都可以無條件地接受。最主要的是，只要一想到自己有了一個兒子，他就可以繼續明正言順地過一夫一妻的生活，再也沒有人可以對自己說三道四的時候，心裡就有說不出的高興。

朱厚照確實長得讓人喜歡，兩顆大眼珠子溜溜亂轉，渾身都散發著聰明的氣息。皇上是怎麼看怎麼喜歡，冥思苦想

了三天三夜，給他取了個名字叫朱厚照。這個取自於《周易》的「照」字，映襯出了他對兒子滿滿的期望，那就是「四海雖廣，兆民雖眾，無不在於照臨之下。」用白話文來說，就是希望自己的兒子成為太陽，能夠普照眾生和萬物。

在眾星捧月之下，朱厚照在兩歲時即被立為太子，而且傳說他的出生時辰與太祖皇帝朱元璋有著某些契合之處，都是「貫如連珠」的大富大貴之命，所以他爹一心想將他培養成太祖那樣的皇帝。

再加上他爹本身受封建帝制的束縛，平時言行謹小慎微，一直以做一世明君為己任，對於自己孩子則希望能在他成為皇帝之前儘量擁有自由自在的童年，因此，朱厚照的童年可以說是在無憂無慮中度過的。儘管那個時候他就有偏愛騎射遊戲、崇尚武力的苗頭，但也沒有受到過父皇的阻止，這也就造就了他長大之後放蕩不羈的性格。

弘治十八年五月，明孝宗朱祐樘，這位一代帝王，為大明王朝耗盡了最後一滴心血，與世長辭，終年三十六歲。當時年僅十五歲的朱厚照繼承帝位，改年號為正德，從此開始了他悲喜交加的帝王生涯。

特立獨行的生活

其實做了這個皇上，對於朱厚照本人來說是幸運的，因為從他出生開始，他就註定是當皇上的命，雖然母后大人後來給他生了個弟弟，但卻早早就夭折了。

可以說，他的帝位沒有像其他朝代的帝王那樣，充滿著腥風血雨，骨肉相殘。但他又是不幸的，因為以他的那個性格來說，也許當個普通人會更加幸福一些。

不過不管怎麼說，這個明朝最「不走尋常路」的皇帝就這樣在歷史上粉墨登場了。

就如我們在人物生平裡介紹的那樣，這位爺一生最大的樂趣除了玩，就是玩。所以即使在他當了皇帝以後，也並沒有收斂小時候無拘無束的性格，反而變本加厲，變著法地過著他「玩酷」的生活。

看到這裡，諸位看官可能有些不解，會提出這樣的問題，那就是：但凡古代的皇帝，有幾個不是天天吃喝玩樂，歌舞昇平，為什麼要把朱厚照作為一個典型分子，有事沒事地就拿出來說說呢？

這你就有所不知了，因為朱厚照在玩樂的道路上已經沒

有人類可以阻止他了。他無時無刻不充滿著奇思妙想，只有你想不到，沒有他玩不到。為了能讓自己玩得盡興，他還為自己建造了特殊的娛樂中心，就是「豹房」。

和我們現代人生活閒暇就喜歡養隻貓、狗小寵物一樣，從元朝開始，那些達官貴人、皇親國戚就喜歡養些動物豐富自己的生活。但和我們不同的是，他們玩的是野生動物，養的都是豹、鹿、象、虎等一類的東西。為牠們所搭建的場所就是某某房、某某場了，比如養豹子的地方，就叫作豹房，朱厚照的豹房說白了就是皇宮動物園。

當然，大家不用奇怪這個皇上為什麼喜歡和豹住在一起，事實上他所住的豹房已經沒有動物了。這個豹房建在皇城西苑太液池的西南岸，也就是今日中國北京北海公園的西面。因為朱厚照很喜歡這個地方，就派人把這裡改造擴建，裝修了一番，用我們今天的話來說，就是屬於他自己的VIP包廂。

這裡雖然還屬於皇宮的範圍，卻已經出了紫禁城，算是從表面上擺脫了皇室的束縛，可以過他想要的生活。但他每天仍然是按時「上、下班」後就直接回到豹房批閱奏摺，可以說是把這裡當成了自己的「避暑山莊」。

沒事的時候，他就找三、五個大臣一起來豹房喝酒，大家聚在一起嘻嘻哈哈，打打鬧鬧，完全沒有尊卑之分。酒過三巡，菜過五味，已經醉倒一片，大家你壓著我胳膊，我枕

著你大腿地就睡著了。第二天早起，再一起去上朝。

朱厚照還很有音樂細胞，經常組織樂隊在豹房裡演奏些當時的流行歌曲。玩到盡興的時候，他還會自娛自樂，自己譜個曲，填個詞什麼的。其中有一首叫作《殺邊樂》，在皇宮中還流傳了很長一段時間。

可見，朱厚照的興趣實在是過於廣泛，只要是和皇帝的工作不沾邊的事情他都感興趣。他甚至還喜歡和動物進行肉搏，不管對方是老虎、獅子還是豹，只要有興趣，都會衝上去扭打一番。

坊間相傳，朱厚照對自己的妃嬪都不感興趣，相反卻對民間的女子喜歡異常。他常常出外尋找良家女子，看上之後就命人帶回豹房垂幸。有些人知道他有這樣的嗜好，也常常在民間收羅一些長相出眾的女子，進獻給朱厚照。

朱厚照即位之時尚年幼。那些臣子對於小皇帝的各種脫序行為也就睜一隻眼閉一隻眼，滿心認為只要等到他成年之後，自然會悔改。但是，他們忘了有句老話叫「江山易改，本性難移」。隨著日子一天天地過去，朱厚照非但沒有變成他們心中所期待的明君，反而向著遠離皇帝本職工作的道路上飛奔而去，越走越遠。這個時候，一些老臣看不下去了。

其實在朱厚照他爹臨死的時候，曾經把三位和自己一起打拼的老臣劉健、李東陽和謝遷叫到自己的病床前，交代自己的身後事。其中最主要的一件事就是講明，把朱厚照就交

給三位老臣照顧。他說：「我這個孩子啊，很聰明，很伶俐。但是他年齡還是太小，而且從小就被我嬌生慣養，養成了他今天貪圖安逸和享樂、不愛習文愛習武的習慣。今天啊，我知道自己已經不久於人世，所以我這個唯一的兒子就交給三位愛卿了，望三位能像輔佐我一樣來輔佐他，讓他在日後能成為一代明君。」三位老臣泣不成聲地應承下來，從那之後，這三位就盡心竭力地輔佐著明武宗朱厚照。

　　此刻，眼見著這位爺越來越不像話，幾位老臣幾次規勸也不見成效，只好帶領著全朝的文武百官輪番上奏，希望他能改過自新，勤於朝政，拆除娛樂設施，過正常的帝王生活。

　　但武宗也很聰明，他並沒明確地回絕大臣們的要求，只是在口頭上說：「知道了。」但他轉過頭去就把這些話語拋到九霄雲外，該怎麼玩還怎麼玩，「任你泰山壓頂，我自巋然不動」。

　　不過老臣這樣幾次三番轟炸也把他給逼急了，他顯露出了他的本性，取消了尚寢官和文書房侍從皇帝的內官，以減少大臣們對自己的限制和束縛。

　　四朝元老劉健越來越對這個「爛泥扶不上牆」的皇帝感到失望。他提出告老還鄉，請求辭官回家。隨後，李東陽、謝遷也都不打算再跟著這個皇上了，全都打了辭職報告辭官回家。

　　這三位原本就是在前朝幾位皇帝身邊待過的老員工，對於他們相繼想要離開，武宗也是有所顧忌的，無奈，所以他開始對自己的所作所為稍稍有了收斂。

　　但這種狀態並沒有維持多久，朱厚照又故態復萌。因為他身邊有一群小人佞臣，無時無刻不在慫恿他不要理朝政，專心玩樂。他們就是以宦官劉瑾為首的，被稱為「八虎」的宦官團體。他們常常在皇帝耳邊吹風，說哪裡又有了漂亮的姑娘，哪裡又進了一批新玩意兒，弄得朱厚照心裡直癢癢。於是，又開始了他的玩樂生活。

　　劉瑾是個很聰明的人，在朱厚照還是太子的時候，就已經在他的身邊照顧他了。劉瑾知道朱厚照喜歡什麼，不喜歡什麼；也知道自己怎麼做能博取皇上的歡心。他常常會提出一些稀奇古怪的點子給朱厚照，教他鬥雞、遛狗、變戲法，進獻個鷹啊、狗啊，把小皇帝哄得團團轉，可以說是深得朱厚照的喜愛。在朱厚照的心裡，對他的寵愛甚至超過了那些妃嬪。因此，朱厚照成年之後，對劉瑾和他的宦官團體也百分之百地信任和寵溺。

　　這種情況被劉健他們幾位老臣看在眼裡，都暗自在心裡驚呼：「不好！」這樣下去，不僅皇上被他們帶得越來越壞，再嚴重一點可能以後自己這些人在朝中連說話的份兒都沒有了，整個朝堂全都得聽這八個太監的話。所以朝中眾位大臣相商之後，決定要剷除「八虎」。

　　一開始的時候，朱厚照也沒打算完全逆著幾位老臣的意思辦事。關於「八虎」的問題，他也低聲下氣地和他們協商：「這幾個人好歹也在我身邊陪了我這麼久，沒有功勞也有苦勞。我把他們幾個打發到別的地方去待著就得了，怎麼也不至於把他們弄死吧。」但眾臣深知「斬草不除根，後患無窮」的道理，所以都不肯輕易放過「八虎」，甚至私底下商量著如果皇上再這樣執迷不悟，就繞過皇上，直接幹掉這八個人。

　　這個消息傳到了劉瑾的耳朵裡。得知此事後，「八虎」感到非常害怕，吃不下，睡不著，躺在床上想著：「這可怎麼辦呢？」幾個人碰了面，想著橫豎都是死，不如放手一搏，也許還有起死回生的機會。

　　於是，深夜他們覲見皇上，全體跪在地上，還沒等皇上說話，先放聲痛哭。哭過一陣之後，劉瑾第一個恢復冷靜，便向皇帝撒嬌說：「您看那個劉健和他那幾個朋友，仗著自己多伺候過幾個皇上，就不把您放在眼裡。我們幾個是您的親信，打狗還得看主人。他們現在想把我們打跑，分明就是沒把您放在心上。您可要為我們做主啊。」

　　本來先前由於眾臣的拒絕失了面子的朱厚照已經憋了一肚子的火，現在眼見八個陪著自己從小長大的宦官一起哭訴，心裡更加生氣了：「你們這不是往我傷口上撒鹽，不給我面子嗎？你們不給我面子，我也就不給你們裡子。什麼明

君昏君的，我倒要讓你們看看，是你們説得算還是我這個皇上説得算。」於是他非但沒有對「八虎」加以處罰，更下令把在此次「倒宦行動」中表現最積極的幾個人革職的革職，下獄的下獄，同時還封劉瑾為司禮監，向眾臣示威。

劉健等人明白這個大明王朝的運行軌跡已經不在他們的掌握之中了，是偏南還是偏北，只有任它吧。幾個人私下裡交流了一下，都覺得沒辦法再混下去了，只好又打了辭職報告。

這次，武宗接受了他們的申請。三位輔臣，一下子就走了兩個，只剩下一個李東陽，苟延殘喘地為了大明繼續貢獻自己的力量。

無人可擋的御駕親征

幾位元老的相繼離開，讓本來就肆無忌憚的武宗朱厚照更加有恃無恐。按照朱厚照給劉瑾的官位來看，其實是對他授予了實權。此時的朝政基本是被劉瑾一人把持著。

這個劉瑾絕對不是一般人。他在皇上面前表現得鞠躬盡瘁，但轉過頭來就露出其貪污腐敗的本性。而且，雖然自己在政變中得以存活，但他深知朝中的一些人仍然對自己虎視眈眈，所以一邊排除異己，一邊用密探觀察朝臣的一舉一動，以便在有反對之心萌芽的初始，就將其一舉殲滅。

但也許就是因為他對自己太過於自信，或者說他太小看朱厚照這個皇帝，導致他被權力和欲望沖昏了頭腦，完全把老祖宗常說的「伴君如伴虎」這句警語忘到後腦勺去了。

隨著他在朝內的黨朋增加，羽翼漸豐，朱厚照也看出一些苗頭。再加上有些對劉瑾不滿的太監在皇上面前奏劉瑾的本，一天，皇上喝醉後，左思右想，下令捉拿了劉瑾。最終，劉瑾以「謀反」的罪名於正德五年八月二十五日被凌遲除死。陪王伴駕多年，卻連個全屍都沒有留下，雖然他罪有應得，但聯想到皇上的反覆無常，也不得不讓人唏噓不已。

　　所以說，朱厚照就是這麼個離譜的皇帝。之前任別人說破了嘴，但自己認為好就是好，選擇重用劉瑾。等自己想明白就變卦了，而且做錯了他也不肯承認自己做錯。要一國之君認錯多難啊！所以對於劉瑾的事，他給自己找了一個很好的理由，就是「用人不善」。

　　他說：「我以前本來是很信任劉瑾的，覺得他是一個好人。對我裡裡外外都照顧得很周全。但我沒想到他竟然欺瞞我，背著我做了許多的壞事。我已經沒有辦法再姑息他了。」

　　就這樣，劉瑾的時代在謝遷他們離開得三年又十個月後，宣布結束。而劉瑾做夢也想不到自己會是這個下場，和那些朝臣鬥了這些年，別人輸了官職，但他卻輸了命。

　　此時，劉瑾已除，外廷又有李東陽坐鎮，朱厚照的心情可以說是好了很多。想想自己這些個日子，該玩的都已經玩夠了，於是一陣陣的空虛感就湧上了朱厚照的心頭。他一邊掰著手指頭，一邊在心裡暗自盤算：「自從我老爸去世，我這個皇上當了好像有不少年了。想想，除了把劉瑾殺了之外，好像也沒幹過什麼驚天動地的大事。這樣何以服眾呢？還是應該做點什麼，才能顯示我這個皇上的與眾不同才行！」

　　於是，一個宏大的「帝王降臨」計畫，猶如一個巨大的火種，在朱厚照的心中越燒越旺，以至於在某一天，他終於

付諸行動。

在說朱厚照這個離譜的計畫之前，我們不得不提一個人，因為他對朱厚照後來的想法有著很大的影響。這個人叫江彬。

江彬當時的職位放在現在，就是一個普通的二等兵，但他為人聰明，而且很機伶。有一次在朱厚照和老虎打架的時候江彬救下了老虎爪下的朱厚照，使皇上免於被虎爪抓傷。從那時候起，朱厚照對江彬就另眼相看。

隨著劉瑾的垮臺，朱厚照身邊一時也沒有什麼能陪他瘋玩的人，江彬就在這個時候開始嶄露頭角。江彬本身武功的造詣很高，而且對於行軍打仗也有著自己的一套看法。本來就對戰爭遊戲感興趣的正德皇帝朱厚照在江彬的影響下，更加瘋狂地迷上了軍事。

朱厚照平時有事沒事地就在宮裡舉行野戰操練，他自己領一隊太監組成的人馬和江彬率領的，由邊陲重鎮的守軍將士中挑選出來的精兵強將進行對抗演習。在對於戰爭遊戲癡迷的同時，朱厚照不止一次地在內心中幻想，能夠像「明太祖朱元璋」和「明成祖朱棣」那樣成為「馬背上的皇帝」，有朝一日可以親赴沙場，開疆拓土，這也就是朱厚照心中那個宏大的「帝王降臨」計畫。

先不論他這個計畫可不可行，單就說他敢想，就證明這個皇帝腦袋裡頭裝的東西和其他皇帝是不一樣的。而且，老

天爺也不知道是開眼還是沒開眼，偏偏就在他醞釀計畫的時候，給他提供了一個千載難逢的好機會。

蒙古雖然被明朝所敗，但數十年間，也沒放棄對中原大地的反撲，常常入侵對百姓燒殺搶掠。正德十二年，即西元1517年，韃靼小王子統騎兵五萬進犯大明邊境，殺害普通百姓數千人，搶去牲口數萬頭。

這時，偉大的朱厚照皇帝聽說了這個消息，再也坐不住了。一天清晨，他偷偷地帶著幾個心腹之人，從北京德勝門溜出，直奔昌平。這件事情做得很嚴密，朝廷上下，幾乎沒有一個人收到消息。天亮的時候，大家才發現，皇上失蹤了！

滿朝文武急壞了，個個像無頭蒼蠅似的。鎮定下來後，幾個大學士馬上去追，但追到了很遠的地方，也不見皇上的蹤影。沒有辦法，只能無功而返。回來之後，幾個朝臣立刻給朱厚照寫了個奏摺，說皇上的這種行為是危險且不負責任的，你趕緊知錯就改，要多快有多快地回來吧，全朝的文武百官和天下的老百姓都等著你回來呢。

但依朱厚照一貫的性格，當然是對這個送到手上的奏摺視而不見了。他就這麼一路跑到了居庸關。

鎮守居庸關的官員叫張欽，他早就收到皇上跑出北京城的消息，也料想此時差不多就要到關口了，於是拒不開城門，並做出一死的準備。朱厚照強不過他，只能無功而返。

半個月後，朱厚照再一次想往外跑，他的心中早就沒有了皇城，一心只想撲向塞外那遼闊的草原，上陣殺敵，策馬狂奔。於是，他又帶了江彬等一干人，神不知鬼不覺地出城。這次，他沒受到阻撓，一路衝出了居庸關，並留下自己的愛將留守，不允許任何朝臣出關找他。

出了關後，他最先做的事情是好好地領略一下邊疆的美麗風光，同時也沒有忘記自己泡妞的愛好。傳聞那個歷史上著名的戲說故事「遊龍戲鳳」就是在此時發生的。

故事是這個樣子的：朱厚照出了北京城，看到什麼都新鮮。閒著沒事的時候，就這兒走走那兒逛逛。有一天，他到一家酒店喝酒，正好就遇到了這家酒店老闆的妹妹李鳳姐。兩人由開始的互相看不上眼，到後來的打情罵俏。最終，朱厚照順利地把李鳳姐泡到手，而這個時候，李鳳姐才知道他是皇上，這段故事被後人口耳相傳。

當然，朱厚照玩歸玩，卻始終沒有忘記自己此次的大任務。他這次來是要打敗蒙古，是要立戰功，是要向自己祖上兩位名皇帝看齊的。於是，他給朝裡發了一個旨意，要求內閣調集精兵和糧草給「總督軍務威武大將軍總兵官朱壽」，準備征戰。

大臣們接到這個旨意都傻眼了。大家你看我，我看你，皆不知這個「朱壽」是何許人也。但看這個口氣，再看這官位之大，大家也漸漸明白了。

這個朱壽不是別人，就是大明正德皇帝朱厚照本人。但他們也立即決定，不能縱容皇上這種給祖宗丟臉的行為，不只私自出宮，還改了名加了官，這一點也不合常理和帝制，於是聯名上書，要求皇上收回成命。

但身在邊疆的朱厚照哪管的了這些，也把這些人說的話全當成耳旁風。他積極調配精兵。

正德十二年十月十八日，在應州城西北的繡女村明軍與蒙古軍開始了交戰。

由於人數上的差異，大明的軍隊一開始就遭受了挫折。朱厚照在後方聽說這個消息很生氣，於是隨即帶齊人馬，趕到戰場上增援。

在戰場上，朱厚照掩飾不住內心的激動，親自率軍衝向敵人。他的到來，給明軍的官兵將士以很大的鼓舞。大明皇帝親自坐鎮，甚至不顧危險，親自上陣殺敵，這種精神帶動了廣大的官兵，一鼓作氣打退了蒙古大軍。

戰場上歡聲雷動，有些官兵激動不已，大呼「皇上萬歲」。經此一役之後，在正德年間，韃靼小王子沒敢再踏上中原邊境一步。

這次取得的勝利給了朱厚照很大的信心。他覺得以自己的能力還是能取得像先祖一樣的成就的。所以，即使是大臣們對他這次親征頗多微詞，又不肯承認他所獲得的成果，卻也無法阻止他繼續胡鬧的偉大計畫。他對這次出征的結果還

是很滿意的，於是下旨給眾位愛卿：「朕要加封朱壽為鎮國公，並提高俸祿，但這個俸祿可不是虛的，要實實在在發給他才行。」

大臣們更鬱悶了，這皇帝在朝廷上的官位是越做越大，以後再一步步地往上升，是要做到什麼官呢?這歷史上也沒有這個先例啊！一個皇帝，都快成為自己的左右手了，這成何體統！於是，大臣們一個個地又開始上書，請皇上收回成命。

不過朱厚照哪管這些，想做就做！什麼祖宗規制的，跟他一點都沒關係。

打敗了韃靼小王子後，這位進取心極強的朱厚照皇帝並沒有躺在功勞簿上睡大覺，而是制定了一個更宏大的目標：「我要像我的祖上明成祖那樣，遠征塞北，把大明和威武大將軍的名號播撒到每一個我足跡所到的地方！」於是，在正德十四年，他開始了浩浩蕩蕩的西征之旅。

關於這次行軍，歷史上的記載並不是很多。不知道是當時記錄的史官受那些反對朱厚照的朝臣所指示還是怎麼樣，總之，關於朱厚照西征中的生活大都是在什麼地方又泡了幾個女人，分別是以什麼樣的手法泡到的，是強搶還是人家自願；這一路上騷擾了多少家老百姓，拿了人家什麼東西……大致如此。

但這次塞北之行並沒有走得太遠，因為奏摺的批覆要來

回傳遞，朝中的事情又不能放得太久，不得已，他只好放棄西征班師回朝。但這一舉動並沒有讓大臣們放心，因為他們想到一件更可怕的事情。塞北算是結束了，但是還有南邊呢，下一個目標是不是南邊啊？

果然不出所料，皇上回來屁股還沒坐熱，就有了想要繼續出宮的端倪。他們收到一個以「鎮國公威武大將軍朱壽」的名義發布的旨意，說朱壽要去視察南北直隸和山東，希望各部門做好配合工作。這旨意，讓全朝又是一片沸騰。

這個朱壽是誰連鬼都知道，你剛安靜沒幾天又要往外跑⋯⋯這是置皇家顏面於何處？是置大明江山於何處？也是置滿朝文武和天下百姓於何處？這回就算是拼上命也不能再由著你的性子來了。

此時的文武百官都下定了要和皇上耗到底的決心，用上了各種理由⋯⋯什麼江南那地方正鬧災荒；什麼韃靼小王子又要打過來了。總之能想到的理由都想到了，目的只有一個，就是告訴你朱厚照，你想跑去江南？門兒都沒有。

當然，他們的對手是朱厚照，這主兒也不簡單啊！他哪管你什麼理由不理由啊。「不走尋常路，我的地盤我做主」，他仍然按部就班地做著自己的南巡準備。

文武群臣是真被他逼急了，他們開始了請願活動，集體跪在皇宮門口，

從早上跪到晚上⋯⋯不過皇上依然是一副雷打不動的勢

頭。

群臣又開始了聯名上書和跪諫。皇上氣得肝都疼了。他心想，我不過就想做點有意義的事情，你們為什麼總是三番四次地阻攔？好！你們不仁也別怪我不義。

於是下旨，每個跪在宮門前的人如果勸也勸不起來的話就不用再勸了，每個人賞廷杖30下。這個可夠狠的了，有些年老體弱的臣子當場就被杖斃，有的被家人領回後傷重不治身亡。但眾人並沒有退縮，反而更是要將此次請願進行到底。最後朱厚照沒有辦法，只好放棄了南行的想法。

但是一切的一切都有著上天的旨意，就在他已經忘掉江南之行的時候。在江南那邊發生了叛亂，叛亂的人是寧王朱宸濠。這回，可又給了朱厚照一個御駕親征的藉口。但這次的江南之行，卻成了正德皇帝的不歸路。

話說他終於實現了江南之行，而且還很順利地平定了叛亂，抓到了寧王，對於朱厚照來說，還有什麼事情比這個更讓他開心呢？再加上當時江南正處於風和日麗的時節，每天都是「太陽當空照」的好天氣。勝利的喜悅和怡人的美景使得朱厚照流連忘返，於是他決定駕著一葉小舟去釣魚。

不知道是駕舟的人醉駕還是朱厚照自己醉駕，這個小船突然就翻了，朱厚照雖然很快就被人救了上來，卻驚了龍體，染了風寒，回京之後，一直也不見康復，終於在1521年初，在他曾經留下了無數歡笑和荒唐的豹房中結束了他的一

生。

其實以我們今天的眼光來看，正德皇帝朱厚照並不算是一個昏君，雖然他不務正業，但也沒有疏於朝政，而且也並不像歷史上那些有名的昏君那樣，將國家的江山社稷棄之不顧，他也做了很多對國家和民族有益的事情。說他「不靠譜」完全是因為他的另類思維和與眾不同的生活方式。

唐伯虎，他曾經寫下一首詩來抒發自己不被人理解的情懷，詩中寫著：「別人笑我太瘋癲，我笑他人看不穿。」如果朱厚照看到這句詩時，一定會覺得有人其實是理解著他這種人的。

成為皇帝，是朱厚照的幸運，也是他的不幸。如果歷史真的可以重頭來過的話，不知道朱厚照會做出什麼樣的選擇。

總之，歷史都是由人來書寫的。在看過此篇故事後，不知道在您的心中，又有了一個怎樣的朱厚照。

i-smart

智學堂

智慧是學習的殿堂

★ 親愛的讀者您好，感謝您購買 歷史上最不靠譜的十大皇帝 這本書！

為了提供您更好的服務品質，請務必填寫回函資料後寄回，
我們將贈送您一本好書（隨機選贈）及生日當月購書優惠，
您的意見與建議是我們不斷進步的目標，智學堂文化再一次
感謝您的支持！
想知道更多更即時的訊息，請搜尋"永續圖書粉絲團"

您也可以使用以下傳真電話或是掃描圖檔寄回本公司電子信箱，謝謝！

傳真電話：

（02）8647-3660

電子信箱：

yungjiuh@ms45.hinet.net

姓名：＿＿＿＿＿＿＿ ○先生 ○小姐　生日：＿＿＿＿＿＿　電話：＿＿＿＿＿＿＿

地址：＿＿＿＿＿＿＿＿＿＿＿＿＿＿＿＿＿＿＿＿＿＿＿＿＿＿＿＿＿

E-mail：＿＿＿＿＿＿＿＿＿＿＿＿＿＿＿＿＿＿＿＿＿＿＿＿＿＿＿

購買地點（店名）：＿＿＿＿＿＿＿＿＿＿　購買金額：＿＿＿＿＿＿

職　　業：○學生　○大眾傳播　○自由業　○資訊業　○金融業　○服務業　○教職
　　　　　○軍警　○製造業　○公職　○其他＿＿＿＿＿＿＿＿＿＿＿＿＿

教育程度：○高中以下（含高中）　○大學、專科　○研究所以上

您對本書的意見：☆內容　　　　○符合期待　○普通　○尚改進　○不符合期待
　　　　　　　　☆排版　　　　○符合期待　○普通　○尚改進　○不符合期待
　　　　　　　　☆文字閱讀　　○符合期待　○普通　○尚改進　○不符合期待
　　　　　　　　☆封面設計　　○符合期待　○普通　○尚改進　○不符合期待
　　　　　　　　☆印刷品質　　○符合期待　○普通　○尚改進　○不符合期待

您的寶貴建議：

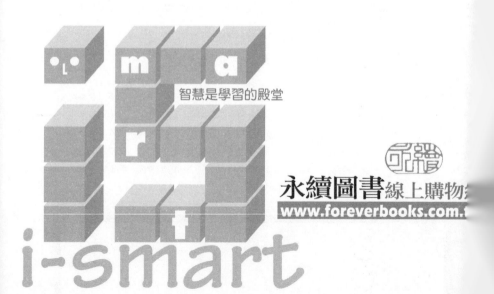